REENGINEERING MILLENNIUM'S INDIAN BANKING SECTOR

Reengineering Millennium's Indian Banking Sector
HRD, RRD and GRD Interventions

By

Dr. Amitabh Bhatnagar

ANMOL PUBLICATIONS PVT. LTD.
NEW DELHI - 110 002 (INDIA)

ANMOL PUBLICATIONS PVT. LTD.
4374/4B, Ansari Road, Daryaganj
New Delhi - 110 002

Reengineering Millennium's Indian Banking Sector

First Edition, 2000

ISBN 81-261-0662-X

PRINTED IN INDIA

Published by J.L. Kumar for Anmol Publications Pvt. Ltd., New Delhi - 110 002 and Printed at Mehra Offset Press, Delhi.

जोड़ा हारिल की रूपकथा

राकेश कुमार सिंह

वाणी प्रकाशन ग्रुप
भारतीय ज्ञानपीठ
वाणी प्रकाशन : भारतीय ज्ञानपीठ की पुस्तकों के एकमात्र प्रकाशक एवं वितरक

लोकोदय ग्रन्थमाला : ग्रन्थांक 798

सजिल्द पहला संस्करण : 2006
सजिल्द दूसरा संस्करण : 2023
सजिल्द तीसरा संस्करण : 2026

वाणी प्रकाशन ग्रुप | भारतीय ज्ञानपीठ

वाणी प्रकाशन : भारतीय ज्ञानपीठ की पुस्तकों के एकमात्र प्रकाशक एवं वितरक

वाणी प्रकाशन

4695, 21-ए, दरियागंज, नयी दिल्ली-110 002
दूरभाष : 011-23273167, 23275710
ईमेल : sales@vaniprakashan.in
www.vaniprakashan.com

ISBN : 978-81-19014-40-8

मूल्य : ₹ 295

जोड़ा हारिल की रूपकथा
(लघु कथा)
राकेश कुमार सिंह

JODA HARIL KI ROOPKATHA
(Short Stories)
by Rakesh Kumar Singh

मुद्रक : आर. टेक ऑफ़सेट प्रिंटर्स, दिल्ली-110 032

युवा सृजनशीलता के
अन्वेषी शिल्पकार
श्रद्धेय डॉ. प्रभाकर श्रोत्रिय
के लिए

कथाक्रम

नया चेहरा

(इस कहानी के नाम, पात्र, घटनाएँ...कुछ भी काल्पनिक नहीं है।)

शेरली मेरा दोस्त है। शेरली मेरा ज़िगरी यार है। शेरली का नाम कुछ अजीब-सा लगता है न? शे ऽ ऽ रली...! जाति या धर्म का कुछ पता ही नहीं चलता? पर हम उसे शुरू से इसी नाम से पुकारते हैं।

दरअसल नाम तो उसका शेर अली है परन्तु जल्दी-जल्दी बोलने-पुकारने की हबड़-तबड़ में 'अ' का लोप हो जाता है न? इसीलिए शेरली!

शेरली और मैं बचपन से एक ही स्कूल में साथ-साथ पढ़े। जब से होश सँभाला एक ही कॉलोनी में साथ रहे...पले बढ़े। शेरली के वालिद जपला सीमेण्ट फैक्ट्री में मुलाज़िम थे और मेरे पिता वहीं हार्वे हाईस्कूल में शिक्षक!

हम स्कूल साथ जाते। कक्षा में एक ही बेंच पर साथ बैठते। स्कूल का होमवर्क कभी शेरली के घर होता तो कभी मेरे घर पर! न तो शेरली के पाँचों वक्त के नमाजी अम्मी-अब्बू को मुझसे कोई गुरेज था और न ही पूजा-पाठ में जरूरत से ज्यादा रुचि लेने वाली मेरी माँ या पिता को ही शेरली से किसी किस्म का परहेज था।

शेरली ने दो बकरियाँ पाल रखी थीं। स्कूल से लौटने के बाद अक्सर शाम को वह बकरियाँ चराने कॉलोनी की चहारदीवारी के बाहर वाले खेतों में जाया करता था। साथ-साथ मैं भी! बकरियों को परती पड़े खेतों या आहर की मेंड़ पर चरने को हाँककर हम कच्ची सड़क की अधटूटी पुलिया पर बैठकर जासूसी उपन्यास पढ़ा करते थे। सूरज ढल चुकने के बाद, जब पढ़ना मुश्किल हो जाता, हम वापस घर लौटते थे।

दसवें-ग्यारहवें दर्जे से ही हमें जासूसी उपन्यासों की लत लग गयी थी। तब हमारे प्रिय लेखक के उपन्यासों के सुनील और रमाकान्त नामक मित्र-पात्रों के चरित्र हमें आदर्श दोस्ती की मिसाल लगते थे। अक्सर हम उन चरित्रों के संवादों की

नकल किया करते थे। मसलन...माकूल मौका पाते ही उपन्यास के एक पात्र की तरह शेरली आधा जुमला बोलता।

''याराँ नाल बहाराँ...''

''मेले मित्तराँ दे।'' आधा मैं बोलकर जुमला पूरा करता। शेरली और मेरे बीच कोई पर्दादारी नहीं थी। हमने अपने निक्कर तो नहीं बदले थे पर एक-दूसरे को शायद ही कभी नाम लेकर पुकारा हो। अबे शेरली...अरे राजू...सुनो मियाँ...देख मुन्ना...साले तू...बस यूँ ही एक-दूसरे से सम्बोधित होते थे हम!

केले के पत्ते पर ठहरी झिलमिल ओस की बूँद की मानिन्द साफ, चमकता और पारदर्शी था हमारा दोस्ताना!

स्कूल की शिक्षा पूरी कर हमने एक साथ राँची के एक कॉलेज में दाखिला लिया था। तब पहली बार हमारे बीच फासले पैदा हुए थे। हमें कॉलेज के होस्टल में जगह मिल गयी थी पर शेरली ने मुसलमान बहुल इलाके हिन्दपीढ़ी के एक लॉज में कमरा लेकर रहना पसन्द किया था। यह और बात थी कि हमारे बीच की यह दूरी बस रातभर के लिए ही रहती थी।

कॉलेज में तो हम सारा दिन साथ रहते ही थे। एक ही बेंच पर बैठनेवाली हमारी स्कूली आदत भी छूटी नहीं थी। फिर हमारी शामें, अँधेरा घिरने और हमारे जुदा होने तक, अक्सर घोष'दा के 'बांग्ला चा' की दुकान पर ही बीतती थीं, जब तक कि घोष'दा हमें जाने को नहीं कहते—

''कि रे विद्यार्थी लोग...! पढ़ा-लेखा कोरबे ना कि...? बेशी चा खेयो ना। तीन कोपेर बेशी देबो ना।''

यह दुकान होस्टल के मुख्य द्वार के सामने ही सड़क के पार थी। घोष'दा लड़कों का काफी खयाल रखते थे।

हम साथ-साथ ग्रेजुएट हुए। कॉलेज से छूटकर साथ ही बेकारी, खालीपन और निठल्लेपन से जूझे। प्रतियोगिता परीक्षाओं में शामिल हुए। तब हमारी शामें उसी कच्ची सुनसान सड़क की टूटी पुलिया पर मूँगफलियाँ तोड़ते या भुने चने फाँकते बीतती थीं जिसपर हम स्कूली दिनों में बैठा करते थे।

फिर हम दोनों की नौकरियाँ लगीं। पहले शेरली पटना के सचिवालय में क्लर्क बहाल हुआ। कुछ ही समय बाद मुझे भी आरा शहर के एक कॉलेज में नौकरी मिल गयी थी।

जब मुझे नियुक्ति पत्र मिला था तब शेरली घर आया हुआ था। मैं नौकरी ज्वाइन करने आरा आने लगा तो शेरली भी पटना तक मेरे साथ आने को तैयार हो गया था।

पटना में शेरली मुझसे अलग हो गया। मैं दूसरी ट्रेन से आरा निकल पड़ा

था। अपने पीछे अपने यार को चिन्तित छोड़कर। उसे फिक्र थी कि मैं एक अजनबी शहर में कैसे सैटल हो पाऊँगा जबकि मैं सोचता था कि छोटे शहर में सैटल होने में कोई मुश्किल नहीं परन्तु राजधानी की भागमभाग वाली हृदयहीन भीड़ से कस्बे वाला मेरा सीधा-सादा यार पता नहीं कैसे ताल-मेल बिठा पाता होगा?

नौकरी पर लगते ही हमारी शादियाँ भी हो गयीं। मैंने शेरली की शादी पर गला खराब होने तक सेहरा गाया। अगले वर्ष शेरली भी मेरी शादी में थककर चूर होने तक नाचा। हम दोनों खुश थे।

हम दोनों तो लगभग नास्तिक ही थे पर हमारी पत्नियाँ बेहद धार्मिक निकली थीं। मेरी पत्नी रक्षाबन्धन का त्यौहार भी उतनी ही श्रद्धा, निष्ठा और उत्साह से मनाती थी जितनी कि शेरली की बीवी पाँचों वक्त की नमाज और ईद!

वक्त गुजरता रहा। हमारे पिता कारखाने और स्कूल की नौकरियों से सेवानिवृत्त होकर उस पुराने कस्बे को छोड़कर अपने-अपने पैतृक गाँवों में स्थानान्तरित हो गये। कस्बा छूटा तो मौके-गर-मौके तीज-त्यौहारों या लम्बी छुट्टियों में शेरली से मिलने-गपियाने के मौके अमावस का चाँद हो गये। अपनी-अपनी घरेलू समस्याएँ, बच्चे, बच्चों के स्कूल, राशन-रसोई, बीमे की किश्तें और तरक्की की सीढ़ियाँ...रोजमर्रा के अनेक झंझट...दिन-महीने-वर्ष...शेरली से मिले सात-आठ वर्ष हो गये।

आखिरी बार जब हम मिले थे तो वह दिसम्बर की सर्द-गुलाबी शाम थी। सुबह मैं सपरिवार, कस्बा छोड़ने वाला था क्योंकि पिता रिटायर हो चुके थे।

उस शाम रात गिरने तक हम पुलिया पर बैठे बातें करते रहे थे। अपने-अपने भविष्य के बारे में, जीवन की भावी योजनाओं के बारे में, आरा-पटना की दिक्कतों के बारे में...फिर कब, कहाँ और कैसे मिलने के बारे में। हम वहीं बैठे रहे थे, अँधेरा घिरने, चाँद के उगने और फिर चाँद के पिघल-पिघलकर चाँदनी की शक्ल में टपकने तक...।

फिर हम चंचल चटर्जी के पोल्ट्री-फार्म में अण्डे चुराने गये थे। शेरली पता नहीं कैसे कच्चा अण्डा फोड़कर पी लेता था जबकि मुझे कच्चे तोड़े अण्डों से लोंहराइन-फोंकराइन बास आती थी!

रात जब हम शेरली के घर लौटे तो पता चला अयोध्या वाली बावरी मस्जिद ध्वस्त कर दी गयी थी। टेलीविजन पर हमने ढहे मलबे, उन्माद में चीखते सेनानायकों और विक्षिप्त सेना के रोंगटे खड़े कर देनेवाले दृश्य देखे।

"एक ऐतिहासिक स्मारक नष्ट...!" मैंने कहा था।

"ऐतिहासिक स्मारक या ऐतिहासिक बखेड़ा...?" शेरली तिक्त स्वर में बोला था—"वोट का मोहरा। देख लेना...अब ढहानेवाले नारे लगाएँगे कि मन्दिर

वहीं बनेगा और जवाब होगा यहाँ मस्जिद दोबारा खड़ी करो। दोनों मिलकर कभी नहीं कहेंगे कि झगड़ा खत्म करो। झगड़ालू जगह पर भगवान या खुदा नहीं टिकता। सो वहाँ बच्चों के लिए स्कूल, बूढ़ों के लिए कोई पार्क, कोई अस्पताल या संग्रहालय ही बनवा दो।''

मैं शेरली के तमतमाए चेहरे को ताकता रहा था। आज लगता है कि गुम्बद को ढहानेवाली चोटें कितनी मारक और ख़तरनाक थीं जिसने सिर्फ ईंट-गारे ही नहीं तोड़े...कई दूसरी चीजें भी उस रोज टूटी थीं। पर हमारी दोस्ती की बुनियाद तो ईंट-गारे की कतई नहीं थी।

आज जब दरवाजे पर दस्तक हुई और मैंने दरवाजा खोला तो शेरवानी, चौड़े पाँयचोंवाला पायजामा और दुपल्ली टोपी पहने सशरीर शेरली को देख सुखद आश्चर्य से तर-ब-तर हो गया मैं।

शेरली...! मेरा यार! मेरे घर पर...! मेरे दर पर! बेसाख्ता मुँह से निकला—

''याराँ नाल बहाराँ...''

''पहचाना मुझे?'' शेरली शायद 'मेले मित्तरां दे' वाली पंचलाइन भूल चुका था। आखिर एक छोटे से आधे-अधूरे जुमले को भूलने के लिए सात, आठ या शायद नौ साल का वक्फा नाकाफी तो नहीं होता।

''वक्त के साथ चेहरे क्या इतने बदल जाते हैं कि मैं तुझे पहचानूँ ही नहीं...स्साले!'' मैंने उसकी शेरवानी का कॉलर पकड़कर उसे घर के भीतर खींचा—''चल पुत्तर...भीतर आ जा।''

''एक जरूरी काम से आरा आया था,'' उसने कहा था—''सारी ट्रेनें डिस्टर्ब हैं। पटना के लिए पहली गाड़ी अब शाम को ही मिल सकेगी...सो तेरा घर ढूँढ़ता यहाँ...''

''अबे उल्लू की दुम फाख्ता!''—मैंने उसे टोका—''तुझसे आने की या अब तक न आने की सफाई कौन माँग रहा है? यार आ गया...बस, बहार आ गयी। क्यों आया...कैसे आया ये बातें बेमानी हैं यार!''

मैंने उसे सोफे पर धकेल दिया। खिड़कियाँ खोलकर पर्दे हटा दिये! घर में शान्ति सूँघता शेरली बोला, ''घर में अकेले ही हो शायद!''

''हाँ...फिलहाल। तेरी भाभीजान बच्चों के साथ दशहरे-छठ की पूजा में गाँव गई हैं।'' मैंने बताया था—''आज-कल में ही लौटेंगी...और सुना, कैसा है तू? कुछ दुबला-दुबला दिखने लगा है और...उम्रदराज भी।''

शेरली हौले से मुस्कुराया था। हँसने में हमेशा से कंजूस रहा है मेरा यार।

बोला, "जैसे तुम जवान हो रहे हो...क्यों? गंजे होने लगे हो मियाँ, और कुछ भद्दे भी।" उसका इशारा मेरी हल्की तोंद की ओर था।

"छोड़ भी...बोल क्या खाएगा? क्या पिएगा? चाय, काफी, शर्बत, शिकंजी या मेरा खूने जिगर?"

"हा..हा...हा!" वह हँसा। ठठाकर हँसा—"अभी तक तेरा खिलन्दड़ापन और शायराना मिजाज गया नहीं! बदला नहीं तू?"

"अबे, मैं क्या बिस्तर की चादर या कुशन-कवर हूँ जो बदल जाऊँगा?" मैंने कहा था—"देख मुन्ने, तेरी भाभी है नहीं। होटल में खाता हूँ। फिर भी तेरे लिए करता हूँ कुछ...पता नहीं तू कब का भूखा होगा।"

शेरली के 'ना ना' करने के बावजूद, छठ पर्व के प्रसादस्वरूप पास-पड़ोस से आये ठेकुएँ-अगरौटे कवचनियाँ (आटे के पकवान) और चन्द फलों के टुकड़े प्लेट में सजाकर मैंने अपने सामने पड़ी सेण्टर टेबल पर रख दिये।

"चल, बिसमिल्लाह कर ! घर में यही कुछ है मियाँ, छठ का प्रसाद...पा ले!"

"नहीं यार...कुछ खा नहीं सकूँगा...।"

शेरली ने प्रसाद की ओर हाथ भी नहीं बढ़ाया। पंजीरी, आटे और सिन्दूर से लिथड़े प्रसाद को देख शायद उसे अरुचि हो रही थी। बाज लोग तो घिनाते भी हैं पर धर्म के भय से कह नहीं पाते। लेकिन मैंने पूछा, "क्यों...?"

"दरअसल आज सुबह से ही पेचिश से परेशान हूँ। काम इन्तहाई जरूरी न होता तो मैं ऐसी तबीयत लेकर घर से निकलता ही नहीं।"

ओह...! तो शेरली के न खाने की वजह, सिन्दूरी में लिथड़े व्यंजन कतई नहीं थे। वह तो दूसरी ही साँसत में पड़ा था।

"तो भई, कुछ फल-वल ही ले! कुछ तो—" मैंने इसरार किया!

"ना..." शेरली ने इनकार किया—"आज तो एकदम फाका करूँगा! वो...क्या कहते हैं तुम्हारे मजहब में कम्पलीट फास्टिंग को? निठाह उपवास...? या निर्जल... उपवास?"

वह हँस पड़ा। मैं भी! फिर मैं उठा।

"अब मैं चाय बनाने जा रहा हूँ। पीनी पड़ेगी। निठाह...निर्जल किया तो साले पटककर तेरे कण्ठ में जलती चाय उड़ेल दूँगा..."

"अच्छा...ठीक है यार...ले आ तू चाय।" वह खिलखिलाया। कमरे में खुशबुएँ बिखर गयीं।

मैंने जैसे-तैसे चाय बनायी। पत्ती कुछ ज्यादा ही पड़ गयी, फिर भी काली चाय बन ही गयी।

फिज़ाँ में चाय की लहराती भाप और चुस्कियों के बीच हम बातें करने लगे। गुजरे जमाने को याद करने लगे।

स्कूल की बातें, कॉलोनी की यादें, कॉलेज के दिन...! टूटी पुलिया पर गुजरी शामें। चटर्जी दा के फार्म से अण्डे चुराने के किस्से। बचपन की परछाइयाँ...मरे हुए क्षणों की स्मृतियाँ मुखर होती रहीं।

बीवी की फरमाइशें...बच्चों के भविष्य...रोजमर्रा की किलकिल और नौकरी के लफड़ों से गुजरता बातों का दरिया चुनाव और राजनीति की ओर मुड़ गया। विषय बदलते रहे...वक्त गुजरता रहा...न पेट भरा...न मन ही अघाया!

जब शेरली ने जाना कि मैंने कहानियाँ लिखना शुरू कर दिया है तो उसने प्रगतिशील साहित्य का जिक्र करते हुए, हिन्दू-मुस्लिम एकता और गैरसाम्प्रदायिकता की बातें करते हुए कई कहानियों के नाम गिना डाले। भीष्म साहनी की किताब 'तमस' और राही मासूम रज़ा के उपन्यास 'आधा गाँव' के कई संवाद 'कोट' किये।

हमारे अलग होने के बाद के गुजरे कई सालों तक तो मैं बस रसायन विज्ञान ही पढ़ता-पढ़ाता रहा था। कभी-कभार पत्रिकाएँ या कहानियाँ पढ़ता था...खाली समय में। बाकायदा लिखने-पढ़ने का सिलसिला तो इधर चार-पाँच सालों से ही, पर शेरली ने तो न जाने कितना कुछ पढ़ डाला था। तभी तो वह काफी होशियारी भरी बातें करने लगा था।

बच्चों पर बात निकली तो उसने बताया कि उसने तो अपनी आठ वर्षीया बेटी रजिया के निकाह की योजना भी बना डाली थी। इस जमाने में इतनी कम उम्र में शादी की बात सोची भी कैसे उसने? शेरली का बेटा इमरान मदरसे से तालीम पा रहा था। अब वह बेटे को सुदूर 'स्टेट्स' भेजने की सोच रहा है। आलिम-फाजिल बनाना चाहता है बेटे को। शेरली के अनुसार आदमी को अपने धर्म और संस्कृति की जड़ों से उखड़ना नहीं चाहिए!

मैंने उसे टोका था, ''क्या दकियानूसी बातें करते हो मियाँ? दुनिया कहाँ से कहाँ पहुँच चुकी है। डायनासोर के डी. एन. ए. से बृहस्पति की धुन्ध तक... और तू है कि इक्कीसवीं सदी में भी बाल-विवाह और उसी पुराने मदरसे से चिपका है...''

''मुन्ने... पता है... ?'' शेरली संजीदा हो गया था—''जब महमूद गज़नवी सोमनाथ के मन्दिर पर चढ़ा आ रहा था तो एक पण्डित ने उसे चुनौती दी थी कि, 'तुम मन्दिर नहीं लूट सकोगे। सर्वशक्तिमान ईश्वर तुम्हें रोक लेगा। हम तुम्हें रोक लेंगे।' जानते हो तब महमूद ने क्या कहा... ? उसने कहा था, 'तुम हमें क्या रोकोगे ? तुम काफिर लोग बरहमन हो, राजपूत हो, बनिए हो... अछूत हो और हम.... हम सिर्फ मुसलमान हैं... हमें कोई नहीं रोक सकता।' फिर सोमनाथ के मंदिर का

जो हश्र हुआ वह सारी दुनिया जानती है। 'सामर्थ्य और सीमा'... भगवतीचरण वर्मा... रिमेम्बर... ?

मुझे मानना पड़ा, वाकई शेरली की अक्ल में इन्कलाबी इजाफा हुआ था। किसी को कायल कर लेने की हद तक समझदार और तार्किक हो गया था मेरा यार! काफी जहीन! बेहद दाना!!

मैंने शेरली को एक नयी निगाह से देखा। छोटे-से कस्बे की छोटी-सी कॉलोनी में रहने वाला मेरा दोस्त शेरली इतना होशियार तो कभी नहीं था। गुजरे कुछ सालों की शहरी जिन्दगी ने उसे कितना दुनियादार बना दिया था?

मेरे साथ मुर्गी के अण्डे चुरानेवाला शेरली, पूरे सावन महीने झींसी-झड़ी से भीगती-सिहरती भोर में दूसरों की फुलवारियों से मेरी माँ के लिए पूजा के फूल-बेलपत्र चुरानेवाला शेरली, ...कितनी ज़हीन और उम्दा बातें करने लगा था! मन्त्रमुग्ध मैं उसकी बातें सुनता रहा था। कई-कई बातें तो उसने ऐसी कहीं जो ऐसे मौकों पर मैं अपनी कहानियों के पात्रों से कहलवाना चाहता था।

...पर क्या वाहियात विषय छेड़ बैठे थे हम, वह भी ऐसे खुशनुमा मौके पर।

बोलते-बोलते शेरली का चेहरा तमतमा उठा था। ज्यादा बिलोने से लस्सी पतली हो कर बिगड़ जाने का खतरा होता है। मैंने सन्दर्भ बदलने की नीयत से उसे टोका।

"अच्छा... भई... तू जीता! अब ज्यादा पीर-फकीर मत बन! तू तो एकदम किसी इमाम-मौलाना की तरह तकरीर झाड़ना सीख गया है। पर मेरे बच्चे, ...जब हमने हिन्दू-मुस्लिम सौहार्द की कोई कहानी नहीं पढ़ी थी तब भी हमारी दोस्ती किसी हितोपदेश या पैरेबल्स की मुँहताज नहीं थी। अब भी नहीं है... तू बोल, है क्या?"

उत्तर में शेरली ने अपनी कलाई घड़ी पर ताका।

"या अल्लाह! साढ़े छः!! पता ही नहीं चला वक्त कैसे गुज़र गया। भई, अब मैं तो निकलूँगा... मेरी ट्रेन का वक्त शायद हो चुका।"

"यह तो कोई बात नहीं हुई—" मैंने इसरार किया—"आज रात रुक ही जाते। ढेर सारी बातें करते हम! तुमने तो न कुछ खाया... न पिया बस आये और चल दिये।"

"क्यों...? चाय नहीं पी...?" शेरली मुस्कुराया था।

"फिर भी...!" मैं झेंप गया! संकोच से मुस्कुरा भी न सका था।

अमाँ छोड़ो भी ये फॉर्मेलिटीज़। जौक़ साहब ने भी तकल्लुफ को सरासर तकलीफ ही फरमाया है।

"पर... शेरली।"

"तुम तो बस...! अगली बार के लिए भी कुछ रहने देगा कि नहीं? सो माई सन, बेटर लक नेक्स्ट टाइम... ओ.के.?"

मैंने मौन सहमति दी। उसे रिक्शे पर बिठाकर, जल्द ही फिर आरा आने का वायदा लेकर, टेलीफोन नम्बरों का आदान-प्रदान करने के बाद विदा में हाथ हिला कर मैंने शेरली को स्टेशन के लिए रवाना किया।

शेरली विदा हो गया। दिन भर गप्पें मारने के बाद अचानक शान्त हो गये घर का अकेलापन कुछ ज्यादा ही गाढ़ा लगने लगा। शेरली तो जैसे आँधी की तरह आया और ढेर सारी यादों को ख़तों के पुलिन्दे-सा बिखराता तूफान की भाँति गुजर गया। अपने पीछे मुझे कुछ उसी तरह किसी अकेले स्टेशन पर छोड़कर, जैसे कभी मैं उसे पटना स्टेशन पर छोड़कर आया था। मन उदास-उदास लगने लगा था... या शायद मैं जरूरत से कुछ ज्यादा ही 'नास्टेल्जिक' हो रहा था। मुझे अपना ही घर काटने लगा।

अब तक मैं कई कहानियाँ लिख चुका था पर पहली बार मैंने एक कहानी लखनऊ की एक पत्रिका द्वारा आयोजित कथा प्रतियोगिता में भेजी थी। कहानी ने प्रथम पुरस्कार पाया था इसकी सूचना मुझे डाक से मिल चुकी थी। यह प्रतियोगिता जिस कथा-पत्रिका ने आयोजित की थी उसका नया अंक इसी हफ्ते अपेक्षित था। शायद नया अंक आ ही गया हो। इसी बहाने मैंने स्टेशन पर स्थित बुकस्टाल का एक चक्कर लगाने का फैसला किया। शायद इससे मेरा अकेलापन कुछ कम हो सके। वैसे भी खूबसूरत शामें अकेले कमरे में बिताने से मुझे दहशत-सी होती है।

वह गुजरते अक्तूबर की सिहरती सर्द शाम थी। हल्के कोहरे में स्ट्रीट-लाइट की बत्तियाँ भुकभुकाने लगी थीं। मैं टहलता हुआ स्टेशन के प्रवेश-द्वार तक आ पहुँचा।

अभी प्रवेश-द्वार से कुछ कदम दूर ही था कि मेरे कदम ठिठक गये! अचानक सामने गढ़ा देखकर अड़ने वाले घोड़े की तरह...!

शेरली, मेरा दोस्त... मेरा यार... एक चाय-समोसे की दुकान के बाहर खड़ा था। हाथ में समोसे की प्लेट थामे। गर्मागर्म लहरते समोसे के टुकड़े जबड़ों में कुचलते-पलटते शेरली को देख मैं... पर उसने तो कहा था पेचिश है... उपवास पर हूँ। मेरे यहाँ कुछ खाते न बना... कहता था मुफीद नहीं रहेंगे... पेचिश बिगड़ने का अन्देशा था उसे और यहाँ होटल के घटिया समोसे...? ठहर साले, अभी झाड़ता हूँ तेरी पेचिश...!

...पर मैं अपने सोच को कार्यरूप में परिणत न कर सका। समोसे खाते शेरली की कही कई बातें याद आने लगीं। उसकी गम्भीर आवाज... उसकी संजीदा बातें... धर्म, संस्कृति, जड़ें, काफिर... बरहमन... राजपूत... मुसलमान... ढेर सारे शब्द

गड्डमड्ड होकर मेरी चेतना में टकराने लगे।

ओह...! मुझे मेरे यार शेरली के चेहरे पर लहराती लम्बी सफेद दाढ़ी क्यों उगती दिखने लगी? उसके सिर पर घने घुँघराले बालों की जगह सफेद जालीदार टोपी... हाथ में प्लेट की बजाय तस्बीह... या कोहरे के पार कोई भ्रम...।

ना... कतई नहीं...! वह मेरा यार शेरली नहीं हो सकता। समोसे निगलता वह शख्स कोई और है जिससे मेरा कोई वास्ता नहीं। किसी गैर को बेवजह क्यों टोकना... जरूर मेरी आँखों को धोखा हो रहा है। मेरा दोस्त तो कब का पटना को रवाना हो चुका है। यह शख्स तो कोई फकीर है... कोई मुल्ला-मौलवी... मेरे लिए कतई अजनबी... कोई नया चेहरा...!

खोई हुई कड़ियाँ

(इस कथा की मानसी देवी को, जो मेरी माँ थी)

26 जनवरी सन् 2001

प्रस्तावना : पता नहीं इनमें कोई कहानी है भी या नहीं। पता नहीं, इनकी कोई सार्थकता है भी या नहीं परन्तु अपनी डायरी के इन चन्द पन्नों की बिना पर एक बात तो मैं दावे के साथ कह सकता हूँ कि अपनी समतल जिन्दगी को देख कर किसी को यह भ्रम नहीं पाल लेना चाहिए कि जीवन हमेशा वैसा ही होता है जैसे की कामना दुनिया के पहले मनुष्य से आखरी आदमी तक करता रहा है। सीधी, शान्त, इत्मिनान और भरी-भरी घरेलू जिन्दगी। जीवन कभी हास्यास्पद चुटकुला भी बन जाता है तो कभी नियति का क्रूर मजाक भी। कभी अहर्निश झूलते पेण्डुलम सरीखा अनिश्चित तो कभी ठोकरों पर रखी फुटबाल-सा।

1 दिसम्बर सन् 2000

'मैंने अपनी पत्नी की हत्या की थी।'

यह टका-सा उत्तर मेरे उस प्रश्न का था कि 'आपका अपराध क्या था?'

उसके रूखे-सूखे केश, बढ़ी खिचड़ी दाढ़ी, ढहती इमारत-सी जीर्ण-शीर्ण काया...। हतप्रभ मैं उस कैदी की कोटरों में धँसी आँखों में झाँकने लगा था। क्या कोई वीराना उसकी आँखों से अधिक उजाड़ और वीरान होगा। क्या कोई समुद्र उसकी आँखों से ज्यादा गहरा और खारा...।

"मुझे विश्वास नहीं होता," मैंने कहा था।

कहानी के कई नाम, पात्र एवं घटनाएँ काल्पनिक अवश्य हैं परन्तु सब कुछ कल्पना-मात्र नहीं है। कहानी के तीन केन्द्रीय चरित्रों में से एक के किसी एतराज की जिम्मेदारी लेखक पर है, दूसरा अब इस दुनिया में नहीं है, और तीसरा न कभी था न अब है।

"शुरू-शुरू में मुझे भी नहीं होता था पर अब... दरअसल मध्यमवर्गीय हिन्दुस्तानी औरतें हर शाम मर जाती हैं। तंगहाली, पस्ती, और... और... परन्तु हर भोर वे फिर से जी उठती हैं। फिनिक्स की तरह, फिर उस रोज मेरी मानसी क्यों नहीं उठ सकी अपनी राख से? बता सकते हैं क्यों?"

उसकी बातें असम्बद्ध सी थीं जिसे सार्थक संवाद में बदलने हेतु मैंने उसे आगे कुछ और बोलने को उकसाया।

"शायद आप बेहतर जानते हों कि क्यों पर आपने ऐसा किया कैसे? क्यों?"

"पता नहीं। सच कहूँ तो मुझे तो यह भी याद नहीं कि मैंने किया क्या था? मैं यहाँ क्यों बन्द हूँ?"

उसने जेलर कुरैशी की ओर उपेक्षा से यूँ देखा मानों कोई यक्ष-प्रश्न उछाला हो!

विचित्र कैदी है वह जो स्वयं को अपनी पत्नी का हत्यारा भी कहता है, साथ ही स्वयं के अपराधी होने के प्रति एक मासूम (या शातिर?) अनभिज्ञता भी प्रकट करने लगता है। क्या सचमुच उसे कुछ याद नहीं? क्या एमनीशिया (स्मृतिक्षीणता)?

कैदी संख्या 'दो हजार एक' से यह मेरी पहली मुलाकात थी। बेहद मुख्तसर, औपचारिक पर सम्भावनापूर्ण...!

3 दिसंबर सन् 2000

पिछले आठ महीनों से भारतीय जेलों की धूल फाँक रहा हूँ। भारतीय कारागारों की स्थिति, विचाराधीन कैदियों के जीवन, उनके समाजशास्त्रीय अध्ययन, भविष्य, पुनर्वास और उन्हें लेकर मानवाधिकार आयोग की भूमिका पर एक लेखमाला तैयार करने में जुटा हूँ।

अखबारी कतरनों, पत्र-पत्रिकाओं की रपटों और भ्रामक सरकारी आँकड़ों के सतही कोलाज प्रस्तुत करने की बजाय मुझे अपने मौलिक सर्वेक्षणों तथा अन्वेषित निष्कर्षों पर आधारित काम करने का शौक जुनून की हद तक रहा है।

अनेक जेलें देख चुका हूँ। सैकड़ों कैदियों से मिल चुका हूँ। सौभाग्यवश लगभग हर जगह जेल-अधिकारियों से हरसम्भव सुविधा और सहयोग पाता रहा हूँ।

इस लम्बे, उबाऊ और कालभक्षी प्रोजेक्ट का प्रारम्भ अत्यन्त बोझिल था। अपराध-विज्ञान विषयक पुस्तकों तथा अपराध एवं दण्डविधान के जर्नल्स का अध्ययन, अपने फीचर की रूपरेखा एवं कैदियों हेतु प्रश्नावली तैयार करना...रूट-चार्ट...काफी होमवर्क करना पड़ा था?

उन्हीं दिनों मैं अपने गृह-नगर हुसैनाबाद गया था। यह मेरी मौलिक सूझ

नहीं वरन् एक संयोग मात्र था कि मेरे काम की शुरुआत वहीं से हो गई थी।

अपने पड़ोसी रिटायर्ड हवलदार बबन सिंह के पुलिसिया संस्मरण सुनते हुए मुझे एक ऐसा सूत्र मिल गया था जो खासा दिलचस्प था। मैं मामले की सीवन उधेड़ने में जुट गया था।

विचाराधीन कैदी मेरा निशाना थे और बबन सिंह की नौकरी के अन्तिम वर्ष में जब वे अपने गृहनगर में ही पदस्थापित थे, हत्या के एक अपराधी को जिला मुख्यालय के मण्डलकारा में भेजा गया था, जहाँ वह अभियुक्त काफी दिनों तक विचाराधीन कैदी के रूप में बन्द रहा था।

अभियुक्त चूँकि अपनी पत्नी का हत्यारा था, नक्सलवादी था, जुबानदराज था, बदजुबानी की वजह से थाने में सूअरों की भाँति कोंच-कोंच कर पीटा गया था, बबन सिंह के कार्यकाल का आखिरी खून का मामला था और चूँकि वह गैरजमानती अपराधी था। अतः पिच्चासी वर्षीय बुजुर्गवार की स्मृतियों में किसी टूटे-फूटे जीवाश्म-सा सुरक्षित बच रहा था। मेरा आदर्श 'सैम्पल केस...'

''तब तुम पालने झूलते होवोगे'' बबन सिंह ने बताया था। ''साला एकदम सनकी था या शायद बीवी के खून और फिर दुर्गत हुई उसकी लाश के भयावह रूप ने उसका दिमाग हिला डाला था।''

मैं हुसैनाबाद थाने चला ही गया था। महज वक्त काटने को। अपेक्षानुसार थाने में वर्षों पुराने दस्तावेज, या डायरी रोजनामचे उपलब्ध नहीं थे। मैं जिला मुख्यालय स्थित मण्डलकारा पहुँचा तो जेल के रेकार्ड रूम में काफी गर्द-गुबार फेफड़स्थ करने के बाद आखिरकार मुझे मेरा वांछित मिल ही गया। उस अभियुक्त की फाइल... जिस पर टिप्पणी जड़ी थी बाँकीपुर जेल पटना को अग्रसारित!

पटना से आरा...! ज्यों-ज्यों उस कैदी के अग्रसारण के सूत्र मिलते गये, अपने शहर के उस हत्यारे से मिलने की मेरी इच्छा उत्कट होती गयी। मैं उसके नाम का पीछा करने लगा। आमतौर पर विचाराधीन कैदियों को यूँ कुत्ते की भाँति एक दर से दूसरे दर तक हड़काया नहीं जाता। एक ही जेल में मतवातर सड़ा दिया जाता है, परन्तु आम लोगों की कहानियाँ भी तो नहीं होतीं।

यूँ तो उस नाम का पीछा करने का रोमांच 'बिरसा मुण्डा केन्द्रीय कारा-राँची' पहुँचकर खत्म हो गया था। 'रेफर्ड टू मेण्टल हॉस्पिटल काँके-राँची...'। परन्तु मेरे दीर्घसूत्री अभियान को एक सिलसिला जरूर मिल गया था। मेरे कार्य की तारतम्यता के साथ-साथ इस प्रोजेक्ट के प्रारम्भ का एक मानक वर्ष भी स्थापित हो गया था।

फिर तो जेलें ही जेलें। भागलपुर, बक्सर और हजारीबाग! अलीपुर, नासिक और कानपुर! आगे कलकत्ते की प्रेसिडेंसी जेल... और आगे तिहाड़ जेल दिल्ली...!

जेलों की नारकीय स्थिति, भेड़-बकरियों की भाँति क्षमता से तिगुने-छः गुने ठुँसे कैदी, यन्त्रणापूर्ण और अमानवीय स्थितियाँ। आजीवन कारावास भोगते कैदियों की विचित्र-विचित्र सनकें। उनके व्यक्तित्व, संस्कार और मनःस्थितियाँ...! मृत्युदण्ड पाये कैदियों की अजीबोगरीब दिनचर्याएँ! मौत की भाँति शान्त बन्दी भी और कटे बकरे की शाहरग से फूटते रक्त की भाँति उबल पड़ने को आतुर कैदी भी! विविध कुंठाओं से उपजी उनकी फब्तियाँ और दमित यौन-विकृतियों से उत्पन्न उनके भद्दे-अश्लील फिकरे! कहीं मिले जल्लादों की भाँति पेश आते क्रूर गार्ड्स और सिपाही। कहीं दिखे शुद्ध किताबी जेलर और कहीं जेल-मैन्यूअल्स को भाड़ में झोंकते गब्बर जेलर भी...!

4 दिसंबर सन् 2000

यह मेरी शोधयात्रा का अन्तिम पड़ाव है। केन्द्रीय कारा नूरपुर...!
नूरपुर जेल की ऊँची-अभेद्य दीवारें, रोशनी की मीनारें, कबूतरों का बसेरा बने गुम्बद, वॉच टावर्स, ठण्डी मजबूत सलाखों वाले 'सेल', जघन्य अपराधियों हेतु विशेष रूप से निर्मित 'टी सेल' और यहाँ का पुराना फाँसीघर मुझे किसी आदिम यन्त्रणागृह की याद दिलाते लगते हैं। अपराधियों की इस माँद में अप्रत्याशित रूप से मेरी मुलाकात उस अजीब जिन्दगी से हुई जिसका मैंने कभी पीछा किया था।

नूरपुर पहुँचते ही मैंने यहाँ उपस्थित विचाराधीन कैदियों की सूची हेतु अनुरोध किया था। उस लम्बी सूची से गुजरते हुए हठात् जो नाम मेरी चेतना में घड़ियाल के टंकारे-सा बजा, वह नाम था 'कैदी संख्या दो हजार एक' का। एक स्थगित हो चुकी पुरानी खोजयात्रा का चूहा-बिल्ली खेल अपने सर्वोत्तेजक बिन्दु पर पहुँच गया था।

कैदी संख्या 'दो हजार एक' याने अवनीश चन्द्र मित्रा, ...याने भारत के लगभग तीन लाख विचाराधीन कैदियों में से सिर्फ एक नाम! अवनी बाबू ...याने एक 'रिमाण्ड प्रिजनर' या अण्डरट्रायल प्रिजनर... अर्थात् मनुष्य की वह प्रजाति जो मात्र भारतवर्ष में ही पायी जाती है। मेरी शोधयात्रा की एक खोई हुई कड़ी था यह अवनीशचन्द्र मित्र।

इस कैदी पर हत्या का अभियोग है। मात्र अभियोग! यदि आरोप साबित हो भी जाता तो उसे अधिकतम बीस वर्षों की कैद होती बशर्ते वह मृत्युदण्ड से बच जाता है। बाज लोग तो चौदह सालों में ही रिहा हो जाते हैं पर इस शख्स ने लगभग तीस साल जेलों में ही गुजार डाले हैं। वह भी मात्र विचाराधीन कैदी के रूप में? यही भारत है जहाँ एक मनुष्य ने अपने जीवन के जवान और खूबसूरत तीस वर्ष न्याय की प्रतीक्षा में ही जी डाले...?

5 दिसम्बर सन् 2000

''बेहद झक्की! एक बिगड़ैल कैदी! एबनार्मल केस...!'' कुरैशी ने बताया!

''दिखाया तो नहीं कोई झक्कीपना बेचारे ने,'' मैंने कहा।

''तरस आ रहा है उस पर? जानते भी हो उसके कारनामे? वही नीम पागल अपनी कैद के शुरुआती दिनों में'' कुरैशी ने मन ही मन हिसाब बिठाया—''हाँ,... इतनी लम्बी कैद के लिए वे दिन शुरुआती ही कहे जाएँगे, ...जब उसे कोर्ट में हाजिर किया गया तो मजिस्ट्रेट के साथ एक दफा यूँ पेश आया कि तौबा!''

''क्या किया उसने?''

''चीखने लगा। विटनेस बाक्स में ही चिल्लाने लगा। गन्ना हूँ मैं। कोल्हू में उल्टी तरफ से पेलो या सीधी तरफ से... निचोड़ने से ही मतलब है न? मुझे निचोड़ो तुम भी।'

''यह गाली है?'' मैंने व्यंग्य किया।

''नहीं। गाली आगे है। उसने कहा, पुलिस, दरोगा सिपाही जेलर ...जेल का डॉक्टर तक बिकाऊ है। मैं मोल नहीं चुका सकता पर जानूँ तो कि तुम मेरे हक में फैसला देने का क्या लोगे। औकात बताओ अपनी।''

मुझे दहशत हो आयी, उस चूहा भी न मार पाने योग्य दिखने वाले कैदी के दुःसाहस पर! उस पिद्दी-से आदमी के ऐसे तेवर...? पर नाकाबिले एतबार बातों पर एतबार करना पड़ता है। जैसे एक अमरीकन स्कूली बच्चे ने अपने पिता की पिस्तौल से अपनी शिक्षिका पर गोलियाँ बरसा दीं। जैसे भारत में ही एक लड़के ने अपने सहपाठी को चाकू से गोद डाला। कुरैशी कह रहे थे—

''नमूना है वह! अगली मुलाकात के बाद ही बिस्तरा गोल करने लगोगे।''

''आई विल क्रॉस द ब्रिज, व्हेन आई रीच इट'' मैंने शिष्टतापूर्वक कहा, पर क्या लगता है आपको...आइ मीन...निजी राय...? है वह अपनी पत्नी की हत्या करने में सक्षम...''

''...पता नहीं। कुछ साबित करना अदालत का काम है और हम जेलरों को कैदियों की बाबत अपनी निजी राय को सार्वजनिक करने की कानूनन मनाही भी है। हम तो यार कातिलों, चोरों और बदमाशों के लिए खुराक, आराम और जरूरियात जुटाने के लिए हुकूमत से खैरात या अनुदान माँगते रहने वाले मँगते हैं।''

सचमुच जेलरों की जान को सौ झमेले हैं, कुरैशी भी क्या करें?

आजकल जेलरों को राजनीतिक पहुँच वाले कैदियों की चिन्ता ज्यादा करनी होती है बनिस्पत कि आम कैदियों की। राजनीतिक अपराधियों की उफनती बाढ़ में प्रायः हर माना हुआ चोर, गुण्डा, तस्कर या कालाबाजारिया किसी न किसी विधायक या सांसद का दायाँ-बायाँ हाथ निकल आता है जिसे देर-सबेर बेदाग

छूटना ही छूटना होता है अन्यथा नारे, धरने, प्रदर्शन और लोकतन्त्र की हत्या का स्यापा होने लगता है। दंगे तक भड़क सकते हैं। ऐसे शाही दामादों के लिए महंगी विदेश शराब, सेलुलर फोन, रंगीन टेलीविजन, यहाँ तक कि ऊँचे दर्जे की वेश्याएँ तक जुटाने की बदमजा जिम्मेवारी किन्हीं कर्त्तव्यों की भाँति भुगतानी पड़ती है जेलरों को।

चाय खत्म करते ही मैंने खौलते-उबलते कुरैशी से विदा माँगी। बंगले के फाटक तक छोड़ने आये कुरैशी बोले—

''हम भी इंसान हैं यार। सीधी-सुथरी जिन्दगी की तलब हमें भी उतनी ही शिद्दत से होती है और उसके लिए अपने जमीर को कई-कई दफा दफनाने के बाद समझौतों के आदी हो चुकते हैं हम! पुलिस या जेल की नौकरी अब तमीज, वकार, जमीर और ईमानदारी के साथ करना मुश्किल होता जा रहा है। किसे अपनी वर्दी उतरवाकर भीख का कटोरा थामना है?'

गलत नहीं हैं कुरैशी! समर्थन, विरोध, विभाग-आबण्टन, मार्च-लूट, बाढ़, सूखा, तूफान और भूकम्प-लूट, के पीड़ितों में खैरात बाँटने की भीषण समस्याओं से जूझते नीतिनियन्ताओं को जेलों में डंगरों की भाँति ठुँसी इंसानी जानों की फिक्र करने का, वक्त ही कहाँ है? फुर्सत कहाँ जो सोच सकें, मोमबत्तियों की भाँति गलते-बहते विचाराधीन कैदियों के मानवीय अस्तित्व के बारे में?

कल पुनः मिलूँगा उससे, जिसे देख यह विश्वास करना कठिन है कि इस निरीहता ने कोई बर्बर कृत्य भी किया हो सकता है। जेल की पोशाक में बिजूके-सा दिखता वह मरियल-सा कैदी... दो हजार एक!

7 दिसम्बर सन् 2000

आज मैंने 'दो हजार एक' से संवाद स्थापित कर ही लिया। वे होंगे पागल या सनकी पर आदमी से पेश आने का सलीका है उनमें।

जब मैंने अपना परिचय दिया, अपने कार्य और उद्देश्य के बारे में बताया तो शान्ति से सुनते वे पहले तो मुस्कुराये, फिर व्यंग्य से टेढ़े हुए होठों और नफरत टपकती आँखों से मुझे घूरने लगे और फिर अट्टहास...!

मैं भौचक्का-सा उन्हें ताकता रहा। सुनता रहा उनकी हँसी के पीछे पार्श्व-संगीत की भाँति बजती उनके फेफड़ों की अजीब-सी घरघराहट!

हँसते-हँसते खाँसी का दौरा पड़ गया। काफी देर तक वे एक कोने में मुँह गाड़े कुत्ते की तरह खाँसते और थूकते रहे। लगभग दस मिनट बाद जब प्रकृतस्थ हुए तो एक जहरीली मुसकान उनके होठों पर खिंच आयी।

''लिख सकोगे सच-सच? है बूता या तुम भी कलम की वेश्यावृत्ति करने

वालों में से ही एक हो?"

मैं जल-भुन गया पर यह भी महसूस किया कि आदमी सुशिक्षित है अन्यथा ऐसा निर्दोष उच्चारण और भाषा का ऐसा मारक प्रयोग? वह भी घाघ-घुटे अपराधियों के बीच एक लम्बा वक्त गुजार चुकने के बाद?

मैंने स्वीकार किया—"मैं कोई सरकारी मुलाजिम नहीं जो सच कहने या लिखने से डरूँ। हाँ मेरे लिखने से कुछ हो ही जाएगा इसकी सौगन्ध नहीं उठा सकूँगा।"

"बढ़िया। तुम्हारी खरी बात पसन्द है मुझे। जरा देखूँ तो आपका परिचय-पत्र। अनुमति पत्र। है भी या...."

मैंने हड़बड़ी में जो कागजात जेब में हाथ डालते ही चुटकी में आये, निकालकर उनके सामने फहरा दिये। कहीं पुनः असंयमित न हो उठें। लम्बी सजाएँ काटते कैदी वैसे ही बड़े 'मूडी' हो जाते हैं फिर ये तो झक्की, सनकी और बिगड़ैल...।

उनकी बीनाई बेहद कमजोर है। छोटे छपे अक्षरों को आँखों से लगभग सटा कर पढ़ने में भी कठिनाई हो रही थी। कागजात से नजरें उठायी तो उनकी पुतलियाँ फैली हुई थीं। अविश्वास और उतावलेपन से एकदम मेरे निकट सटते हुए पूछा। "हुसैनाबाद...? बिहार...? वहाँ के हो तुम? किस मुहल्ले...कौन-सी गली?"

मैंने चैन की साँस ली पर वे बेचैन हो उठे—"तुम... आपको शायद ताज्जुब हो... मैं भी कभी हुसैनाबाद...! शिक्षक हूँ। नहीं था मैं... बहुत साल पहले जब... —"जानता हूँ।" मैंने उन्हें उत्तेजित होने से रोका—"आप मुझे नहीं जानते पर मैं आपको जानता हूँ... मित्रा जी!"

इस बार मेरे आप में हमेशा की भाँति कैदियों को बहलाने वाली कोई छद्म औपचारिकता नहीं बल्कि शिक्षकों को सम्मानसूचक सम्बोधन देने की पारम्परिक आदत थी! अनजाने में उत्पन्न हो जाने वाला आदरभाव!

"जानते हो...? कैसे?" वे चकित हुए। उनकी आँखों में बिलाता अपरिचय तो बहुत साफ नहीं दिखा परन्तु थोड़ी-थोड़ी खुलती-सी खिड़की जरूर देखी मैंने।

"क्या नाम है तु...म्हा-रा? दीप... हाँ... दीपंकर चक्र... वर्ती ....सुनो दीपंकर... मैं..."

फिर उन्होंने बताया कि वे बालूघाट नामक एक क्षीण आबादी वाले उजाड़ से कस्बे के हाई स्कूल में प्रधानाध्यापक थे, जो कि मैं पहले से जानता हूँ। बालूघाट हुसैनाबाद से तीन मील पश्चिम में एक छोटा-सा कस्बा है जहाँ एक मृत सिमेण्ट-कारखाने की वर्षों पुरानी लाश सड़ने-गलने-गँधाने के बाद अब मात्र ठठरियों के पिंजरे के रूप में पड़ी है। मजदूर पहले ही पलायन कर चुके थे। अब जो वहाँ हैं

वे जरायमपेशा जिन्दगी बसर कर रहे हैं।

"तुम कैसे ज़ान सकते हो मुझे? जितनी तुम्हारी उम्र है उतनी तो मैं जेलों में ही..."

जब मैंने उन्हें बताया कि उनके नाम के पीछे मैं कितना भटकता फिरा था तो वे विस्मय से मुझे ताकने लगे। मेरा यात्रा-वृत्तान्त सुनते अवनी बाबू के चेहरे का रंग पल-प्रतिपल बदलता रहा। आँखें छलछला उठीं। उन बूढ़ी आँखों में डबडबाया बूँद-बूँद अपनापन और उनमें तैरते कृतज्ञता के कतरे...कभी भूल सकूँगा 'दो हजार एक' की वह मर्मबेधी दृष्टि? वे मार्मिक शब्द?

"मेरे लिए दीपंकर? एक अपरिचित चेहरे...बस एक नाम की खातिर?"

"नहीं। अपने स्वार्थ के लिए। आपका नाम तो एक सूत्र भर..."

"किसी बहाने ही सही... यही क्या कम है कि कोई है मेरी भी खोज-खबर लेनेवाला।"

मैंने अवनी बाबू के कन्धे पर हाथ रख दिया। पूछा, "पूरी बात बताएँगे मुझे? क्यों आपने यह अपराध? अपनी ही पत्नी की हत्या...?"

मानो कोई तपती सूई चुभी हो। मानो मेरी हथेली नहीं कोई मरी छिपकली उनके कन्धे पर पड़ी हो। मेरा हाथ झटककर उन्होंने एक अटूट मौन साध लिया। फिर मैंने हजार यत्न किये पर वे तो मानो अपने होठों को सी कर धागे के छोर पर गिरह भी बाँध चुके थे। उलाहने-भरी उनकी सजल आँखों में सलाखों की परछाइयाँ तैर रही थीं। मुझे घूरती वे आँखें सलाखों से कहीं ज्यादा सख्त और सर्द थीं।

उन आँखों का सामना करना कठिन लगने लगा तो मैं चुपचाप उनके पास से हट आया।

असामान्य कैदी हैं अवनी बाबू। अपने भीतर बहुत कुछ समेटे हैं। मेरी महत्वाकांक्षी लेखमाला में तीस साल से कैद भोगते इस विचाराधीन कैदी का केस हंगामा मचा सकता है। इट मे बी ए टिपिकल केस इन द हिस्ट्री ऑफ क्राइम एण्ड पनिशमेण्ट, ए लिपरोटिक डिसास्टर ऑफ इण्डियन जुडिशियरी एण्ड ट्रायल सिस्टम!

15 दिसम्बर 2000

इस बीच मैं अन्य विचाराधीन कैदियों से भी मिला। कुछ के मुकदमे खुल चुके हैं कुछ के खुलनेवाले हैं—सौभाग्य से। कई कैदियों ने मुझसे मिलना पसन्द नहीं भी किया। कुछ ने मिलना तो गवारा किया परन्तु मेरे किन्हीं सवालों पर मुझसे यूँ बिदके मानों मैं किसी छुतहे रोग से ग्रस्त हूँ।

विरला ही ऐसा मिला जिसने अपने कृत्यों की कोई सफाई नहीं दी या अपने

कर्मों पर पश्चात्ताप किया। किसी के पास प्रतिशोध की सिनेमाई कसमें हैं तो किसी के पास अपने अपराधों की 'ये न होता तो मैं हर्गिज 'वो' न करता' किस्म की सफाई। तिहाड़ के लाभचन्द सोमानी के पास तो अपनी पिछली असफल बैंक-डकैती की भूलों से सबक लेते हुए अगली 'रॉबरी' की 'फूलप्रूफ-एयरटाइट' योजना तक तैयार है।

तमाम साक्षात्कारों को तरतीबवार सजाने और अद्यतन रपट तैयार करने हेतु मुझे यहाँ पर्याप्त समय मिला। सब कुछ सजा चुकने के बाद अब उत्सुक हूँ कि जघन्य हत्यारों, बैंक लुटेरों, शातिर ठगों, दंगाइयों, घोटालेबाजों और जेल-ब्रेकर्स के बीच जीते अवनी बाबू के पास भी भविष्य की कोई योजना है? कोई कसम? कोई करुण कथा?

अवनी बाबू से पुनः मिलने की औपचारिक अनुमति माँगी तो कुरैशी बोले, "ही इज़ ए होपलेस केस। उसमें कौन से सुर्खाब के पर लगे हैं जो तुम तिबारा उससे मिलना चाहते हो?"

कुरैशी क्या जाने कि अवनी बाबू का केस मीडिया में कितना जबर्दस्त 'हॉट-केक' साबित हो सकता है।

20 दिसम्बर सन् 2000

अवनी बाबू की त्रासदी जान लेने के बाद अपने आसपास कितना अजीब-सा सन्नाटा महसूस कर रहा हूँ मैं? मानों सैकड़ों फीट गहरी कोयले की खान में निपट अकेला खड़ा हूँ मैं। अनन्त अन्तरिक्ष के भाँय-भाँय करते एकाकीपन के बीच अचानक सुनाई देने लगती हैं कई विचाराधीन कैदियों की बेचैन आवाजें। किसी अन्धे कुएँ से आने लगती है अवनी बाबू की विवश कराहों की ध्वनियाँ-प्रतिध्वनियाँ। वार्तालाप की शुरुआत कुछ यूँ हुई आज—

"मैं सबकुछ जानना चाहता हूँ अवनी बाबू!"

"फायदा?"

"कुछ नहीं शायद, पर घाटा?"

"कतई कुछ नहीं।"

"फिर हर्ज की क्या है?"

"कुछ नहीं।"

अपने सीने को मसलते हुए खाँसने लगे थे अवनी बाबू। चेहरा लाल-भभूका होने तक। गर्दन-माथे की नसें फूल उठने, और उबलते रक्तिम नेत्रों से सोते की भाँति पानी फूट बहने तक ...मरणान्तक खाँसी।

खाँसी पर काबू पाने की कष्टदायक कोशिश करते खँखारते अवनी बाबू की बातें इतनी असम्बद्ध और गड्डमड्ड थीं कि पूरे वार्तालाप को तारतम्य देना मुश्किल लगने लगा था। उनकी खाँसी और खँखार से छन कर जो बातें मुझ तक सम्प्रेषित हो सकीं उसे 'रिकंस्ट्रक्ट' करने के बाद जो दास्तान बनती है वह कुछ यूँ बनती है।

अवनी बाबू की अजब कहानी

किसी औद्योगिक प्रतिष्ठान के मरने के बाद उससे सटे कस्बे का रूप जवान विधवा के शृंगार-सा हो जाता है। तिस पर अवनी बाबू कस्बे से कुछ और परे एक किराये के मकान में रहते थे, मात्र दो पड़ोसियों के साथ।

जिस दिन अवनी बाबू पर मुसीबतों का पहाड़ टूटा था उस रोज वे मात्र दो घण्टों के लिए अपने विद्यालय गये थे। लौटे तो उनकी पत्नी मानसी देवी घर में नहीं थीं। मुख्य द्वार पर ताला जड़ा था।

उन्होंने पड़ोस में पूछताछ की। पत्नी वहाँ भी नहीं थी। शाम तक प्रतीक्षा करने के बाद उनका मन किसी दुर्घटना के घट चुकने की चुगली करने लगा। उन्होंने मानसी देवी के अचानक लापता हो जाने की रपट थाने में दर्ज करवायी और अपने निवास का ताला तोड़ डाला।

पुलिस भी आयी पर महज खानापूरी करने। इस रहस्यमय गुमशुदगी को अपहरण का निश्चित मामला मान कर सलाह दी गयी कि अवनी बाबू को किन्हीं अपहर्ताओं द्वारा आने वाले फिरौतीपत्र की प्रतीक्षा करनी चाहिए।

अवनी बाबू ने प्रतीक्षा की भी परन्तु जब उनके आवास से महज दो फर्लांग दूर एक बन्द पड़े उपेक्षित गैराज से बड़ी खतरनाक गन्ध फूटने लगी तो आखिरकार गुमशुदा की तलाश बगैर पुलिस की सहायता के ही पूरी हो गयी।

"और जब गैराज का दरवाजा तोड़ा गया तो भीतर कोलतार के बड़े ड्रम में, ऊपर तक भरे सड़े-गन्धाते कीड़े बिलबिलाते पानी में एक भरी बन्द बोरी... दीपंकर, उसमें गर्भस्थ शिशु की भाँति तुड़ी-मुड़ी ठुँसी थी मानसी की मुर्दा देह...।" अवनी बाबू की जर्जर काया ने जोर की झुरझुरी ली थी।

पुलिस फिर आयी परन्तु मानसी देवी न तो किसी मन्त्री-मिनिस्टर की पत्नी थीं, न ही किसी बड़े उद्योगपति या माफिया की रखैल। पुलिस तो मामले को किसी भाँति रफा-दफा करने में लग गयी थी। अवनी बाबू ने जिलाधिकारी तक हाल दुहाई मचाई तो..."बजाय हत्यारों को ढूँढ़ने के मुझसे ही सवाल... क्या मानसी से मुझे प्रेम था? ठीक निभती थी? कहीं उसके किसी पर-पुरुष या मेरे पर-स्त्री से सम्बन्ध तो नहीं थे? तुम्हीं कहो दीपंकर, ऐसे बेहूदे सवालों के क्या जवाब देता?

क्या प्रेम इतनी जल्दी इतना बासी हो जाता है कि...किन्हीं जरायमपेशा लोगों से कोई तफतीश नहीं बस मुझी से वही पिटे-पिटाये सवाल...। एक औरत के मरने पर यहाँ दंगे तक छिड़ जाते हैं पर दिन दहाड़े कोई मेरी मानसी का गला रेत गया, बोरी में बन्द कर जलसमाधि दे गया... वह कितना चीखी होगी दीपंकर! उसकी मरणान्तक चीखों से पत्ता-पत्ता छिद गया होगा पर मेरे पड़ोसियों ने कुछ नहीं सुना। किसी ने किसी को उधर आता-जाता नहीं देखा। बस,...अपने अफसरों का हुक्म बजाने, अपनी दक्षता प्रमाणित करने, थाने का कोटा पूरा करने हर लिहाज से पुलिस को मैं ही आसान शिकार लगा। मैं गिरफ्तार कर लिया गया। निरपराध। मैं बेगुनाह हूँ दीपंकर। मेरे आदर्श शिक्षक की, मेरे मान-सम्मान की अर्थी उठ गयी। एक भला और प्रतिष्ठित शिक्षक अचानक समाज का अवांछित तत्त्व बन गया। वहाँ के लोगों की चेतना में मेरी बड़ी गन्दी तस्वीर... उस पर पड़े रक्त के धब्बों को साफ कर सकोगे दीपंकर...?

अवनी बाबू चाहते हैं कि मैं उस कस्बे में जाऊँ। उन्हें बेगुनाह बताने, पर क्या कस्बे के लोग उस हत्याकाण्ड को बासी सपने-सा भूल नहीं चुके होंगे? आज की तेज रफ्तार दुनिया में सैकड़ों औरतों के जलने-मरने की खबरें नित्य पढ़ी जाती हैं और शाम को उन्हीं अखबारों में कूड़ा लपेटकर मोरी में फेंक देते हैं लोग। जहाँ भगत सिंह और झाँसी की रानी के शहादत दिवस तक विस्मृत किये जा चुके हों वहाँ एक आम औरत की मौत को कौन याद रखता है?

गिरफ्तारी की रात अवनी बाबू ने शातिर उचक्कों, सेंधमारों और जेबकतरों के साथ काटी। हवालात में उन पर अपराध स्वीकार कर लेने के दबाव डाले गये। पीटा गया। तिस पर अवनी बाबू ने फ्रस्ट्रेशन में यह भी कह डाला कि जरूर पुलिस ने मानसीदेवी के हत्यारों से पैसे खाये हैं। ऐसे हालात में कोई भी 'फ्रस्ट्रेट' हो सकता है जब वह निरपराध गिरफ्तार हो और असली गुनहगार आजाद विचरते रहें।

फिर तो यह हुआ कि अवनी बाबू के सीलबन्द मकान से आपत्तिजनक साहित्य बरामद हो गया और एक जंग लगा तमंचा भी। अवनी बाबू नक्सली घोषित कर दिये गये। पुलिस की इस बड़ी सफलता ने उन पर कुछ और धाराएँ थोप दीं। मानसी देवी पर भी शायद उनके नक्सली होने का राजफाश हो गया था अतः पार्टी हितों के लिए अवनी बाबू ने ही अपनी पत्नी का खून कर डाला था। दूसरा होता तो फरार हो गया होता पर शातिर थे अवनी बाबू। बड़ी चालाकी से पत्नी की गुमशुदगी का ड्रामा स्टेज किया—ऐसा पुलिस का मानना था और दारोगा की चुनौती थी—"हमें रिश्वतखोर कहता है? साले इतना सड़ा देंगे कि अपना नाम तक भूल जाएगा। तेरी जमानत भी हो गयी तो पेशाब से मूँछें मुँडवा लूँगा।"

अवनी बाबू ने कहा, "फिर मेरी जमानत इतनी महँगी कि कोई मित्र परिचित

मुझ लँगड़े घोड़े पर बाजी लगाने को राजी नहीं था। खुद को निर्दोष सिद्ध करने की जिम्मेदारी अब सिर्फ मेरी थी और मैं डाल्टनगंज की जेल में फिंकवा दिया गया था।''

अलिफ-लैला का किस्सा नहीं हैं यह। पुलिसिया खुन्दक और दमनात्मक हथकण्डों के और भी दृष्टान्त मुझे मिले हैं पर एक निरीह शिक्षक पर इतनी मेहरबानी क्यों? क्या अदने से दारोगा का दम्भ और हठधर्मिता किसी आदमी के पूरे भविष्य को इस कदर मटियामेट कर सकती है? क्या कानून-व्यवस्था की मशीनरी इतनी भ्रष्ट और हृदयहीन हो चुकी है या कि मानसी देवी के हत्यारे ही इतने ताकतवर थे कि...।

''आप जैसे कैदियों के लिए सरकार ही सरकारी वकील मुहैय्या कराती है। आपके वकील ने पुलिस ब्रुटिलिटि (बर्बरता) को अदालत के सामने क्यों नहीं रखा?'' मैंने पूछा।

''हाँ... था शायद मेरा भी कोई वकील—'' वे मानो अपने वकील का चेहरा याद करने की असफल कोशिश करने लगे थे—''पर नियमित पेशी के लिए वकीलों को रिश्वत देनी पड़ती है। मेरी जेब में कानी कौड़ी न थी सो मेरा वकील मुकदमे को अगली सुनवाई तक स्थगित करता रहता था। जेल डॉक्टर द्वारा मुझे प्रायः बीमार और अदालत तक पहुँचने में असमर्थ घोषित कराता रहता था।''

जब मैंने कहा कि ऐसा दो बार, या सौ बार हो सकता है हर बार नहीं तो अवनी बाबू ने स्वीकार किया कि कई बार उन्हें दूसरे कैदियों के साथ कोर्ट ले जाया गया पर जज का बुलावा कभी-कभार ही आ पाया, उसके पहले शाम आ गयी और अवनी बाबू फिर जेल की गाड़ी में...! बाहर मुक्त विचरते लोगों को हसरत से ताकते वापस कालकोठरी में।

पता नहीं मेरे प्रश्न के लिए उपयुक्त शब्द क्या होते पर यथासम्भव शब्द चुन-चुन कर मैंने पूछा कि उन्होंने माननीय जज महोदय से दुर्व्यवहार क्यों किया तो अवनी बाबू ने बताया—

''खिंचती जाती पेशियों से टूट चुका था मैं। मेरा वकील न्यायविद् नहीं बिकाऊ भोंपू था। मुक्ति की क्षीण होती आशा ने शायद मुझे सचमुच पागल... अदालत की अवमानना के अक्षम्य अपराध के बाद उस रात मुझे जेल में पागल कुत्ते की भाँति पीटा गया। डण्डों से मेरा घुटना तोड़ डाला गया। मैं विक्षिप्त साबित कर दिया गया। अदालत और पेशियों हेतु अयोग्य एक पागल विचाराधीन हत्यारा।''

आज भारी मन और गहन अवसाद के साथ अपने पीछे बेहद गमगीन और विवशता के घूँट पीते संजीदा अवनी बाबू को छोड़कर मैं बाहर आया हूँ।

पत्नी की हत्या, लाश छुपाने की कोशिश, गलतबयानी, नक्सली गठजोड़,

अदालत की अवमानना...! अपराधों की लम्बी सूची है। यदि अवनी बाबू का मुकदमा खुला भी और लम्बे अन्तराल के बाद अकाट्य सबूतों और किसी प्रत्यक्षदर्शी गवाह की अनुपलब्धता के काण सन्देह का लाभ पाकर वे रिहा भी हो गये तो क्या? न्याय-व्यवस्था के सर्वोच्च आसन पर आरूढ़ धर्माधिकारी समयचक्र को उल्टा फेर सकते हैं? भरपाई कर सकते हैं अवनी बाबू के बरबाद हो चुके काल की? कर सकते हैं भरपाई उनके सफेद हो चुके केश और झुर्रियों की? लौटा सकेंगे उनके स्वस्थ फेफड़े?

मुकदमा चलाने से अयोग्य कैदी हेतु 'अधिनियम-1900' के तहत रिहाई का प्रावधान है। विक्षिप्त अवनी बाबू को इसका लाभ क्यों नहीं मिल सका? विभिन्न अवसरों पर रिहा किये गये हजारों कैदियों में अवनी बाबू क्यों नहीं शामिल किये जा सके? मात्र दो वैकल्पिक उत्तर हैं। या तो ऐसे अवसरों पर अन्तहीन दुष्चक्र में फँसे अवनी बाबू किसी पागलखाने में होंगे न कि जेल में। या फिर जेलबुक में उनका नाम ही दर्ज होने से रह गया होगा। कितने-कितने छिद्र हैं इस व्यवस्था में?

यदि मैं तमाम भारतीय जेलें देख पाता तो विचाराधीन कैदियों की रेवड़ में पता नहीं और कितने अवनी बाबू मिलते। कितने 'दो हजार एक' हैं जेल कही जानेवाली भारतीय दोजखों में। अपने आसन्न अन्धेपन के साथ। अपने गहन भविष्य के गह्वरों में निर्निमेष ताकते हुए। भाग्य पर जड़े, खो चुकी तालियों वाले तालों को उदासीनता से घूरते हुए। एक दूजे से जुड़े-बँधे सभ्य समाज से बाहर कर दी गई ये कड़ियाँ मानों खो चुकी हैं किसी असमाप्त अन्धी सुरंग में...।

31 दिसम्बर सन् 2000

'मैं यूँ रोज-रोज एक बीमार कैदी से इण्टरोगेशन और लम्बे इण्टरव्यूज की इजाजत नहीं दे सकूँगा।'' पहली बार कुरैशी ने आपत्ति दर्ज की।

''यह आपकी मर्जी पर निर्भर थोड़े है।'' मैंने मुस्कुराते हुए कहा तो कुरैशी ठठाकर हँसे।

''मेरा जेल डाक्टर तुम्हारे अनुमति पत्रों को यूँ— '' उन्होंने चुटकी बजायी— ''यूँ कूड़ेदान का सामान बना सकता है। कितने सरकारी हुक्मनामे रोज आते हैं यहाँ मिस्टर प्रिजनर्स एडवोकेट...।''

हालाँकि कुरैशी ने मुझे अवनी बाबू से अन्तिम बार मिलने से रोका नहीं। कल मुझे नूरपुर से चले जाना है। अन्तिम मुलाकात में भी मैंने अपनी रवानगी की बात अवनी बाबू को नहीं बतायी। बस पूछा—

''आप मुक्त होना चाहते हैं?''

''जादू के जोर से? दीपंकर मैं तभी रिहा होऊँगा न जब निर्दोष साबित हो

जाऊँगा। यह भी तभी होगा न जब मुकदमा चलेगा!... पर मैं तो पागल हूँ। पागलखाने भेजा भी जा चुका हूँ। वहाँ, जहाँ स्वस्थ दिमाग वाला व्यक्ति भी पागल हो जाए।''

''पर मुक्ति की चाह तो होती होगी।'' मैंने जिद्द की।

''होती थी कभी। सोचता था बाहर निकलते ही फिल्मी नायकों की भाँति मानसी के हत्यारों को पाताल से भी खोद निकालूँगा। नरसिंह की भाँति उनकी छातियाँ चीरकर उनका रक्त पी जाऊँगा परन्तु अंगारों पर लोट-लोट कर मेरे तमाम कस-बल टूट चुके हैं दीपंकर! पैंतीस का था तब...अब पैंसठ का हूँ। अपने घर की चौहद्दी, दीवारों के रंग, दरवाजे-खिड़कियाँ... सारे अक्स धुँधला चुके हैं। सूख चुकी मि्टटी पर पड़े पैरों की छाप की तरह बस एक चीज रह गयी है। तिल-तिल कर गलती मानसी की मृत देह की वह छवि... जेहन से पोंछ नहीं सका दीपंकर...। कोई मजबूत आर्थिक आधार नहीं, इस उम्र की अपनी अलग मुश्किलें... ऊपर से मेरे छलनी होते फेफड़े.... क्या करूँगा मैं अब जेल से छूटकर?''

''यानी...?'' मैंने पूछा

''मैं निरपराध ही सही परन्तु अब मुक्ति का आकांक्षी कदापि नहीं। मैं अब इसी कानूनी नर्क में जीना-मरना चाहता हूँ।''

''यह तो आत्महत्या है अवनी बाबू!'' मैंने समझाया।

''वाह...! जीना चाहा तो अपराध! मरना चाहूँ तो जुर्म! जीने वाले मुझे क्यों यह राय दें कि मुझे कैसे मरना चाहिए? मैं बिस्तर पर कीड़े पड़ कर मरने की बजाय आत्महत्या को ही चुनना चाहूँ तो भी रुकावट? यह मेरे मानवाधिकारों का हनन नहीं है? क्या विचाराधीन कैदी का कोई मानवाधिकार नहीं...?''

आत्महत्या भारतीय दण्ड विधान की धारा 309 के तहत एक संगीन अपराध है परन्तु यह व्यवस्था भी तो उन्हें पल प्रतिपल मृत्यु की ओर ही धकेल रही है। धारा 298 के तहत मृत्यु को प्रेरित करना भी तो एक जुर्म ही है।

जीवन हारे योद्धा-से अवनी बाबू जीवन के उस मुकाम पर खड़े हैं जहाँ से जीवन के हासिल पर जीने की शुरुआत हो चुकती है। उनके जीवन का हासिल क्या है? तीस वर्ष का बेजा कारावास...! विचाराधीन कैदियों को तिल-तिल कर गला डालनेवाली ये जेलें बन्दीगृह हैं या मकतल... या कि अपराधशालाएँ?

जीने की लालसा रंचमात्र नहीं। निस्पृह, आत्मनिर्वासित और वीतरागी की भाँति जीवन में किसी परिवर्तन के प्रति निरपेक्ष हो जाना ही जीवेष्णा का चुक जाना है। जीवन का चुक जाना है। फिर तो रह जाता है चलता-फिरता मुर्दा। दीन-दुनिया से उदासीन, रंजोगम से तटस्थ और परम यथास्थितिवादी होते हैं मुर्दे। अवनी

बाबुओं जैसी कितनी जीवित लाशों का कब्रिस्तान हैं हमारी जेलें। जिन्दा ममियों के पिरामिड...! आखिर क्या होगा इन लाशों का...?

लोकतन्त्र के पायों को चाट गयी है अर्धशती की दीमक। शातिर लोग इन पायों में बने सूराखों के द्वारा सुगमता से अन्दर-बाहर हो लेते हैं पर यदि कोई अवनी बाबू एक बार भूल से इसके भीतर चला गया तो अन्धी दीवारों से सर पटकता-सिसकता खाँस-खाँस कर दम तोड़ देता है। घुन लगे ये पाये इतने लचीले हो चुके हैं कि कोई बाहुबली अपने पद, पहुँच या पैसों की कमन्द फेंककर इन्हें अपनी ओर झुका सकता है।

अवनी बाबू से मिलकर जेल की अतिथिशाला में लौटने के बाद एक भयानक वीरानापन महसूस कर रहा हूँ। अब और साहस नहीं कि मुर्दों के इस गाँव में और ठहरूँ। इसके कारण और निवारण पर बहस करूँ भी तो किससे?

हमारी पुलिस व्यवस्था के पास तो अपनी एक पृथक आचार-संहिता है। यह जानते हुए कि फलाँ नेता करोड़ों के घपले में नाक तक धँसा है, उसकी सुरक्षा के लिए जरखरीद लौंडी की भाँति हाथ बाँधे मुस्तैद रहते हैं पुलिस अधीक्षक और जिलाधिकारी! फर्माबरदार गुलाम की तरह तलब होते ही पान-खैनी मुहैया कराने को तत्पर इंस्पेक्टर और दारोगा...। पर इनके कानूनी हाथ इतने लम्बे कि किसी निरपराध को भी उसकी पनाहगाह से खींचकर जेलों में सड़ा डालें।

हमारा सन् 1860 के अँग्रेजी शासन के हितों का पोषक आयातित पीनल कोड..., भ्रष्ट पुलिस की चार्जशीट, गीता-गंगाजली की झूठी कसमें खा कर सच बयान करते गवाह, अन्धे प्रत्यक्षदर्शियों और बेईमान दलीलों पर टिकी यह न्याय प्रक्रिया... गढ़े-फर्जी सबूतों पर टिका हमारा दण्डविधान और कच्छपगति से रेंगती लालफीताशाह अदालती कार्रवाइयाँ... सबमें बुनियादी बदलाव की जरूरत है।

हमारे महान संविधान की धाराएँ न हुई किसी गुण्डे-मवाली की रखैल या बिगड़ैल-अय्याश नवाब की जोरू हो गयी। पसन्द से उतरते ही तीन दफा 'तलाक' कहा और किसी मनपसन्द नयी को बिठा लिया। संशोधनों की मार से जार-जार... बेशुमार चिप्पियों से भरे हमारे कथरी संविधान में विचाराधीन कैदियों के लिए कोई कोना क्यों नहीं ढूँढ़ पाते वेतन भत्ते के लिए एकजुट हो जाने वाले जनम-जनम के बैरी हमारे जन प्रतिनिधि...? स्वयं को ईश्वर से दो अंगुल ऊँचा समझने वाले कानून-व्यवस्था के पहरुए? आँख पर पट्टी बँधी न्याय-प्रतिमा के नास्टेल्जिया में डूबे न्यायविद्... कितने ही अवनी बाबुओं की जिन्दगियाँ इसी तरह कब तक तबाह....ओह टेलीफोन!

फोन पर कुरैशी थे। चूँकि उनके एक कैदी में मेरी विशेष रुचि है अत: उन्होंने मुझे फौरन सूचित किया था। पर रात के दो बजे...?

''सॉरी टू इन्फार्म यू...। योर प्रिज़नर 'टू थाउजेण्ड वन' इज़ नो मोर...''

लगा जैसे बिजली के नंगे तार पर नंगे पाँव खड़ा हूँ मैं। अवनी बाबू का चेहरा, उनकी बातें, मुलाकातें... सबकुछ पल में जेहन में घूम गया। अपने नपुंसक क्रोध को मैंने टेलीफोन के माउथपीस में उगला।

''नो प्रिज़नर इज़ माइनं मिस्टर अब्दुल वहीद कुरैशी... एवरीवन इज़ योर रिस्पांसबिलिटी...! यह हुआ कैसे...? कब...?''

अवनी बाबू ने खाँसी के एक जानलेवा दौरे में दम तोड़ दिया। डॉक्टर के तमाम प्रयास विफल रहे। उनके गले में रक्त का थक्का... दम घुट गया। ...झूठ... सौ फीसदी झूठ...! अवनी बाबू का दम घुटा नहीं घोंटा गया है। उनकी जान ली है हमारी न्याय व्यवस्था ने। उन्हें मार डाला हमारी दण्ड-प्रक्रिया ने।

तारीख बदल चुकी है। साल भी। बदल चुकी है पूरी एक सदी। नयी सदी में प्रवेश करने के बजाय अवनी बाबू जीवनजाल के जंजाल से मुक्त हो गये।

शरीर के पिंजरे से मुक्त हुई ओ बेचैन आत्मा...! मैं दीपंकर चक्रवर्ती ईश्वर को साक्षी मान कर यह बयान दर्ज करवाता हूँ कि तुम बेगुनाह थे। निश्चय ही निरपराध क्योंकि यहाँ निरपराध ही मारे जाएँगे। तुम्हारी मृत्यु एक सामान्य मौत नहीं है बल्कि एक सोची, समझी और सुनियोजित हत्या है। कानूनन और न्यायसम्मत...! अण्डर सेक्शन 'थ्री हण्ड्रेड टू' ऑफ इण्डियन पीनल कोड... इट्स ए कोल्ड ब्लडेड मर्डर...।

मानुषगन्ध

ठण्डी आसमानी भोर थी!

अभी कोहरा पूरी छँटा भी नहीं था। न सिन्दूरिया सूरज निकला था और न ही सामनेवाले ताड़-वृक्ष से झूलते बया के घोंसलों में जाग हुई थी पर कोयली मुण्डा ढाबे पर हाजिर हो गया था।

''हौलदार सैब, हम गँजेड़ी बाबा का मनौती भाखना चाहता हूँ।''

''या रब्ब...! एक और मन्नत...!'' फौजा सिंह को कोयली पर तरस आया। ''कितने ही देव-थानों पर तो मन्नतें तू माँग चुका है कोयली।''

''मुर्दे पर जैसे नौ पंसेरी वैसे एक और...! बोंगा-बोंगी सबकी पूजा कर देख लिया। दो बोतल दारू पी गया बैगा[1]। दो ठो चेंगना भी चबा गया, पर सिंगबोगा[2] की किरपा नहीं... अब तो डोनका टुइला[3] तक नहीं बजा पाता।''

अपने इकलौते बेटे डोनका को चंगा करने के लिए हर जतन कर थक चुका था कोयली मुण्डा। लातेहार की अँग्रेजी दवाई, महुआमिलान की होमियोपैथी वाली गोलियाँ, जंगली जड़ी-बूटियाँ और बैगा की झाड़फूँक...! मन्त्र द्वारा तिल्ली काटने वाला, कौड़ी फेंककर साँप को नचाने वाला, कर्णपिशाच को वश में कर लेने वाला बैगा भी डोनका को ठीक नहीं कर सका था। ठीक तो क्या होता डोनका, छः महीनों में और सूखकर काँढ़र हो गया था।

''मेरा मन कहता है कि सैब कि गँजेड़ी बाबा के धाम पर जाने से कुछ होगा जरूर! बड़ा सत्त है वहाँ पर सैब...पर हिन्दू-सादान लोगों का देवता हमारी पूजा लेगा क्या?''

इतनी मन्नतें माँग चुका था कोयली कि यदि डोनका चंगा भी हो जाता तो मनौतियाँ पूरी करता और चढ़ावे चुकाता-चढ़ाता ही कोयली बूढ़ा हो जाता। कोयली की इतनी सामर्थ्य नहीं थी कि डोनका को इलाज के लिए राँची-पटना ले जा पाता।

---

1. ओझा 2. सर्वश्रेष्ठ देवता / सूर्य 3. कद्दू के खोल में तार बाँधकर बना वाद्य-यन्त्र

तन के लिए एक साफ लंगोटी या डोनका के लिए दो जून दूध जुटाने की तो कूबत नहीं पर पूरी उदारता से सैकड़ों मन्नतें...!

फौजा सिंह ने कोयली के कन्धे पर सान्त्वना से तर हथेली टिका दी—"अवलि अलह नुरू उपाईयाँ, कुदरति के सभ बन्दे, ...एकु नूर ते सभु जग उपजियाँ, कउन भले को मन्दे...! देवी-देवताओं की कोई जात नईं होंदी कोयली, वे तो सबके होंदे..."

फौजा सिंह ने कोयली को 'सबद' का मर्म समझाया तो कोयली मुण्डा की निर्वीर्य झुँझलाहट फूट पड़ी—

"...फिर हमें गँजेड़ी बाबा की मठिया में घुसने क्यों नहीं देता पुजारी? अपनी मठिया के सामने नाचने के लिए हमें भले बुला लें सादान लोग, पर हम मठिया की सीढ़ी भी छू दें तो पाप लगता है। पिछले साल बीमार सोनारा मुण्डा नाचते-नाचते थककर सीढ़ी पर बैठ गया था तो बात लाठी-भाले और तीर-धनुक तक पहुँच गयी थी। दीकू-बोंगा या सादान-पुजारी खाली हमारा नाच देख-देखकर खुश होता है सैब... हमको असीसता थोड़े है।"

"पूजा कबूलने-ठुकराने का हक तो देवता को ही है कोयली! पुजारी कौण होंदा है? तुसी मन्नत ही माँगनी है न! वाहे गुरु दी सौं, तैनू मैं ले चलूँगा धाम पर।" फौजा सिंह ने वायदा किया।

"कैसे सैब?"

"छुप-छुपा कर। ऐसे कि उत्थे कोई तैनूँ पहचाणें ही नईं। कोई पूच्छे बी तो बहरे-गूँगे बन जाणा। मैनू सँभाल लेणा है अग्गे।"

"फिर सोच लो सैब। बहुत खतरा है इसमें। जान का...! हमारी खातिर तुम अपनी मुण्डी काहे को देगा बाघ के मुँह में?"

मिला-जुला मोटा अनाज घाटो खाकर जीने वाला जीव था कोयली मुण्डा। पठारी-पथरीले पलामू में धान ज्यादा उपजता नहीं। थोड़ा चावल-महुवा हुआ भी तो पर्व-त्योहार के प्रसाद और सरहुल-करमा जैसे महापर्व में चावल की मदिरा-हँड़िया बनाने के लिए सँजो देती थी घुंघची। दलहन-तिलहन बेच कर नमक-सलाई-घासलेट-मसाले खरीद लिये थे कोयली ने। धनी मुण्डाओं की तरह उसके पास न गाय थी, न सूअर-बकरी।

जंगली लकड़ी-दातुन, आँवले-करौंदे और शहद-चींटे आदि बेचकर दो जून की बाटियाँ जुटाने वाला कोयली मुण्डा सोच रहा था... व्योपारी आदमी ठहरा फौजा सिंह। ऐसी भयंकर अगिनधारा से तैरा कर पार निकालने के दाम भी तो

---

1. बीस की संख्या

कड़े ही वसूलेगा। टोकरी-भर मछलियाँ? एक-दो बीसी[1] तीतर-बटेर... ? कहीं साम्भर-चीतल की खाल ही माँग बैठा तो... ? जानवरों पर धनुक-बान उठाते ही पुलुस-गोरमिंट वाले पकड़कर डाँड़ में रस्सा लगा देते हैं आजकल।

"क्या सोचने लगा मोतियाँवालयो?" फौजा सिंह ने टोका, "ओय वीर मेरे... बीरसाइतो[1] का बच्चा हो के डरदा है?"

"ना सैब... डरता तो नईं पर कितना खरचा होगा और तुम क्या लोगे?"

"ओय मुण्डया, मैनू कोई सूदखोर महाजन समझदा है के? याराँ नाल बहारा; मेले मित्तरा दे।" हँसा फौजा सिंह, "दोस्त-मित्तर के काम आने का मोल नईं वसूला जाँदा।"

इनकार में हिलता फौजा सिंह का सिर...! कोयली मुण्डा का मुँह पके कोंहड़े-सा लटक गया।

"फिर तो सैब, इस सेंत-मेंत की जात्रा से हमको कोई फैदा नईं होगा। फिर खतरा मोल लेने से का फैदा?"

...धन्न करतार, तेरे रंग न्यारे...! अजीब था कोयली मुण्डा भी। फौजा सिंह यदि कुछ लेता है तो गरीबमार होती है। नहीं लेता तो मुफ्त की तीर्थयात्रा ही निरर्थक और व्यर्थ हो जाती है। फौजा सिंह के लिए तो दोनों ही तरफ से मुश्किल!

गँजेड़ी बाबा के धाम पर जाना तो अवश्य चाहता था कोयली, पर मुफ्त नहीं। हर सहायता-सहयोग और परिश्रम की मुनासिब उजरत अदा कर। फौजा सिंह ने ही राह निकाली, "सेंत-मेंत वाली कोई गल नईं प्यारयो। मैनू तुझसे कोई नगदी तो नईं लेणा, पर तुसी ढाबे के लिए एक हफ्ते तक पत्तल-दोने बिना पैसा लिये देने होंगे। बोल... कबूल...?"

कोयली ने मन-ही-मन हिसाब लगाया। रोज वह पाँच बीसी पत्तल-दोने ढाबे पर पहुँचाता है। दस रुपये रोज... तो सात रोज में तीन बीसी पर दस रुपये और ...! डोनका की जान के लिए एकदम बेमोल सौदा...!

"ठीक है सैब... कबूल है हमको।"

ममता और कृतज्ञता से डबडबायी कोयली मुण्डा की आँखें...! फौजा सिंह ने देखा, उन पानीदार आँखों में उग रहा था भोर का झिलमिल तारा...!

कोयली के विदा होने तक सूरज लाल-पीला होता कुहासे की झील से निकल कर देवदारों की फुनगियों तक चढ़ आया था। ढाबे के सामने रात्रि-पड़ाव डाले खड़े ट्रक अपने-अपने गन्तव्य की ओर निकल चुके थे।

माघ की सुबह की नर्म गुनगुनी धूप में खाट पर लेटा फौजा सिंह सोचने लगा

---

1. बिरसा के उलगुलान आन्दोलन में साथ लड़ने वाले योद्धा

था कि वह कोयली के और किस काम आ सकता था। क्या भला कर सकता था अपने भोले वनवासी दोस्त का?

ढाबे के नाम-पट्ट पर टिकी फौजा सिंह की आँखें निर्निमेष झाँकने लगी थीं, समय के पार...! 'फौजा सिंह दा ढाबा' लिखकर केश-दाढ़ी विहीन फौजा सिंह मानो अपने आपको धोखा ही देता आ रहा था। ढाबे के नाम के बीच खड़ा 'दा' ही जैसे उसके अब तक होने का अहसास था। पंजाबी नाम रख लेने से झारखण्डी मक्के की रोटियों में पंजाबी स्वाद उतरता है या नहीं, पता नहीं... पर पंजाब की खुशबू जरूर उतर आती है।

बंगालियों की जागीर दुर्गा जी की तरह भले ही मक्के की रोटी और सरसों का साग पंजाब की खास पहचान हो, पर मोटा अनाज मक्का सबसे ज्यादा पठारी क्षेत्र में ही उपजता है। पीले सरसों का पोखर बनी पलामू के पहाड़ों पर बिखरी सीढ़ीनुमा क्यारियाँ मौसम साथ दे तो, पंजाब के मैदानों से भी होड़ लेती हैं।

निठल्ला आदमी बड़ी जल्दी बूढ़ा हो जाता है, इसलिए राजपूताना राइफल्स से रिटायर होने के बाद शहर से डरे-हताश हवलदार फौजा सिंह ने आबादी से काफी दूर यह ढाबा खोल लिया था। (फौजा सिंह के शहरों से खौफ खाने की एक अलग ही कथा थी)। 'हाई-वे' से आठों पहर गुजरनेवाले हजारों हलके भारी वाहनों में से कई उसके लाइन-होटल पर भी रुक लेते थे।

शापग्रस्त यक्ष की भाँति वानप्रस्थी हुआ फौजा सिंह अरण्य-जनमे की तरह यहीं का होकर रह गया था। स्थानीय आदिवासियों से हिल गया था। जंगली रातों के भुतैले अकेलेपन से परिच गया था।

दाल-रोटी तो चलती ही थी, फौजा सिंह का फौजी मन ट्रक वालों के अक्खड़पन और अल्हड़ बातों में बहल भी जाता था। ड्राइवरों-खलासियों के फक्कड़ जीवन में हवलदार को अपने विगत फौजी जीवन की झलक नजर आती थी। फौजियों की ही तरह गाड़ीवाले भी घरबदर और फौजा सिंह जैसा फौजी तो मरते दम तक घरबदर...! आखिरी साँस तक फौजी!

शहर से मीलों दूर... इस वीराने में जिस पहले दोपाये से उसकी जान-पहचान बढ़ी थी, वह कोयली मुण्डा ही था। कोयली मुण्डा, ...जिसने एक दीकू को अपना विश्वास सौंपा था। एक गैर-आदिवासी पर भरोसा किया था और ढाबा जमाने, पत्तल-दोने-ईंधन, ...अण्डे-मांस-मछलियाँ तथा दूध-मक्खन-सब्जियाँ जुटाने में फौजा सिंह की सहायता करने लगा था। आते-जाते भी 'हौलदार सैब' की खैर-तबीयत पूछता रहता था कोयली मुण्डा। जब मन मिल गये तो जुबान की ज्यादा अहमियत नहीं रह गयी थी।

फौजा सिंह की बेमानी-बेमजा जिन्दगी के कटते एक-एक दिन में कोयली

मुण्डा की उपस्थिति जुड़ने लगी थी। फौजा सिंह भी जुड़ता गया था कोयली से...जंगल से, ...वन-प्रान्तर के रहस्यमय जीव-जगत से, ...दूर-दूरान्तर वन में बजनेवाले माँदल ढोल से और फागुन से चैत तक की सूनी, उदास दुपहरियों में बजती डोनका की टुइला की धुन से...। डोनका का अलगोजा बजता तो फौजा सिंह मानो जुड़ने लगता था जीवन से। टुइले का संगीत हवलदार को अपने उजड़ चुके ढाई आखरों के मेले की याद दिलाने लगता था। अतीत की स्मृतियाँ बैसाखी के मेले में बजती टुइले की तरह उसके भीतर बजने लगतीं।

फौजा सिंह को क्या मालूम नहीं कि डोनका को कोई असाध्य रोग है ही नहीं! वह तो बस रक्ताल्पता का मरीज है। लाखों गरीब हिन्दुस्तानी बच्चों की तरह कुपोषण का मारा बच्चा! दीप्तिहीन होती आँखें... खपड़ी-खपड़ी पेट...!

एक बार तो फौजा सिंह ने सोचा भी था कि डोनका को अपने ढाबे पर ही रख ले। उसका एकाकीपन भी बँटेगा और लड़का दो जून भरपेट खाएगा तो हरा भी हो उठेगा, पर डोनका का दया की रोटियों पर जीना कोयली को मंजूर नहीं था। डोनका ढाबे पर काम भी नहीं कर सकता था, क्योंकि परम्परावादी और स्वाभिमानी वनचर मुण्डा जूठी पत्तलें नहीं उठाते।

...और आज जब कोयली को फौजा सिंह की सहायता की जरूरत थी तो उस निश्छल अरण्यपुत्र का जी कैसे छोटा होने देता फौजा सिंह! कैसे कह देता दिल तोड़ने वाली बात कि किसी धर्म की किसी किताब में गँजेड़ी बाबा नाम के किसी देवता का कोई जिक्र नहीं सुना कभी।

गँजेड़ी बाबा ...यानी मनुष्य की आदिम आस्था या आदिम भय का एक और प्रतीक...! गँज़ेड़ी बाबा, ...यानी राजमार्ग के किनारे गड़ी वह अनगढ़ शिला जिसे पता नहीं कब किसी ने सिन्दूर से लीप दिया था और ग्रामीण अन्धविश्वासों ने उसे रातोंरात देवत्व प्रदान कर दिया था।

वनांचलों में ऐसे कई-कई देवी-देवता जनमते रहते हैं। कुछ विवशता और बेकारी के अपाहिज गर्भ से, कुछ लिप्सा और फरेब की गन्दी कोख से और कुछ अन्धविश्वास की अँधेरी गार से...!

व्यस्त शहरी सड़कों के किनारे रातोंरात कोई देवता उगकर सरकारी भूमि पर कब्जा कर लेता है। कोई देवता प्रकट हो कर सभ्य-शिक्षितों के हाथों दुग्ध-पान करने लगता है तो फिर वनदेवता गँजेड़ी बाबा पर जंगल-देहात वाले क्योंकर अविश्वास करते! वनपुत्रों का विश्वास तो और भोला होता है। आस्थाएँ अनन्त...! बरगद की बरोहों-सी आत्मा में गहरे धँसी आदिम परम्पराएँ...। आदिवासियों के सार्थक विश्वासों ने ही जीती हैं सैकड़ों कबीलाई लड़ाइयाँ। शाश्वत आस्थाओं ने ही रचे हैं कई जंगली मिथक। कई अरण्य-गाथाएँ।

गँजेड़ी बाबा ने कितनों की मन्नतें पूरी कीं, इसका कोई हिसाब-खाता किसी के पास नहीं था, परन्तु वाहन-चालकों की देखा-देखी राजमार्ग से गुजरनेवाली बसों की श्रद्धालु सवारियाँ खिड़कियों से धाम की ओर सिक्के जरूर उछालने लगी थीं। धाम पर अब एक मन्दिर और अनेक छतरियाँ बन चुकी थीं। फेंकी गयी चवन्नी-अठन्नियों ने अनेक लोगों को फल-फूल-नारियल, चुनरी-कच्चे सूत और गाँजा-पेड़े-लड्डू का रोजगार उपलब्ध करा दिया था।

फौजा सिंह ने सोचा, बावड़ी के स्वच्छ जल-सा हृदय है कोयली का, जिसमें उड़ते बादलों की परछाई तक देखी जा सकती है! डोनका जियेगा या मरेगा, यह तो रब्ब ही जाने पर जब तक उसकी साँसें जिन्दा हैं कोयली का विश्वास भी जिन्दा है! दूध का जला फौजा सिंह कोयली के विश्वास की हत्या कैसे कर सकता था? किसी के भरोसे का टूटना आदमी के गुजर जाने से कम त्रासद नहीं होता, यह फौजा सिंह से बेहतर और कौन जान सकता था? सरदार का सिर्फ विश्वास ही नहीं टूटा था बल्कि वजूद ही टूट गया था। लगा था जैसे परदेसियों की भीड़ में खड़ा वह अकेला हिन्दुस्तानी था। ...फौजा सिंह ने लम्बी साँस ली। "जो तुझ भावे नानकाँ, सोई भली कार..."

फौजा सिंह ने निश्चय किया, कोयली को गँजेड़ी बाबा के धाम तक जरूर पहुँचाना होगा। हर कीमत पर...। जितनी जल्दी हो सके! इसमें खतरा है तो हो। "जो लरे दीन के हेत, सूरा सोई...!"

आखिर वह शुभ दिन भी आ गया।

डोनका की माँ घुँघची ने घर से निकलते समय शहतूत की शाख पर बढ़िया सगुन देखा था ...जोड़ा हारिल...! आँखें जुड़ा गयी थीं! जोड़ा हारिल, ...हरी-भरी गृहस्थी का प्रतीक युगल...! तृप्त हो गया था मन...!

गलबहियाँ डाले बतियाते बँसवाड़ों से घिरा, करंज, ढाक, झाउ, सेमल और शहतूत के वृक्षों के जंगल में, धाम था। श्रद्धालु भक्तों का मेला-सा उमड़ रहा था। ऊँचे मन्दिर तक पहुँचने वाली पतली सीढ़ियों पर मन्नतें माँगने वाले भक्त धक्का-मुक्की कर रहे थे। जयकारे लगाते तीर्थयात्रियों को दूसरों के कष्टों की सुध तक नहीं थी। इस शक्ति-प्रदर्शन में कइयों के हाथों में थमे दोनों में से फूल-बताशे सीढ़ियों पर गिरकर पाँवों तले पिस रहे थे।

सीढ़ियाँ समाप्त होते ही विशाल बरामदा था जहाँ गाँजे का प्रसाद बँट रहा था। चिलमें भरी और खींची जा रही थीं। नशे में मत्त-तरंगायित भक्त-समूह ढोल-झाल-खड़ताल पीटता कीर्तन कर रहा था। कुछ भाव-विभोर भक्तजन होश-हवास

गँवाये अस्त-व्यस्त लोट रहे थे। गाँजे के कसैले धुएँ से फौजा सिंह को मितली-सी आने लगी थी।

फौजा सिंह के पीछे एकदम सटे-सटे चल रहे थे कोयली और घुँघची। भय से जीभ सूखे चमड़े की भाँति तालू से जा सटी थी। कण्ठ में प्यास के काँटे पर मुँह में लार की एक बूँद नहीं...।

कोयली ने बीमारों की भाँति सिर तक भेड़ के रोएँ का कम्बल घुघ्वी जैसा ओढ़ रखा था। कम्बल ओढ़े घुँघची ने भी हाथ-भर का घूँघट काढ़ रखा था। हालाँकि इतनी सावधानी की कोई खास जरूरत नहीं थी। किसी को उनकी ओर ध्यान देने की फुर्सत ही कहाँ थी!

सबको अपनी-अपनी पड़ी थी, फिर भी उस वर्जित क्षेत्र में प्रविष्ट होते ही कोयली की टाँगें थरथराने लगी थीं। कलेजा पसलियों पर हथौड़े-सा बजने लगा था। तप उठी थी देह...! स्वयं हेतु निषिद्ध क्षेत्र से गुजरती घुँघची के पेट में तो मानो कई लोग माँदल बजाते अगड़धत्त की तरह नाचने लगे थे। उसकी अँतड़ियों में रेंगता नीचे उतरने लगा था दीकुओं और पुजारी का भय...। उनके बहुरूप का भाण्डा फूटते ही सारी भीड़ बैरी हो जाती। मार लाठियों के भुर्ता कूट देते लोग। बेचारा 'हौलदार सैब' तो नाहक ही पिसता...! पर ऐसा कुछ नहीं हुआ। वे निष्कण्टक गँजेड़ी बाबा के सामने जा पहुँचे। फौजा सिंह ने चैन की साँस ली, ...वाहे गुरु सच्चे पातशाह... तू मेरा राखी सबने थाहीं...!

धूप-अगरबत्तियों के घने धुएँ के बीच उस पत्थर की शिला पर फूल-सिन्दूर-अक्षत अटा पड़ा था। देवता का निचला हिस्सा रक्ताम्बर में लिपटा था। कदमों में पकी मिट्टी के हाथी-घोड़ों की विशाल सेना खड़ी थी। चढ़ावे के खिलौने...! एक कोने में बोरे भर गाँजे की छोटी-बड़ी पुड़ियों का खासा ढेर...!

फौजा सिंह और कोयली ने पूजा के दोनें पुजारी को सौंप दिये। पुजारी ने विधि के अनुसार दोनों में रखी गाँजे की पुड़ियाएँ देवता के ऊपर अर्पित कीं और शेष सामग्री वापस लौटा दी!

अब तक घूँघट में मौन खड़ी घुँचची आज मानो विधाता से अपने डोनका को छीन लेने ही आयी थी। उसने अपने खोंइछे में छुपाई गाँजे की पुड़िया निकाली। क्षितिज को चुनौती देती उस जिजीविषा ने यथासम्भव सबकी नजरें बचाते हुए पुड़िया को देवता की ओर उछाल दिया।

भीड़ थी, ...धक्के थे, ...शोर था पर कोयली की चपल आँखें आतंक से फट पड़ीं... हे सिगबोंगा...!

घुँघची की पुड़िया ऐन गँजेड़ी बाबा के शीश पर जा गिरी थी और मानो पूरा बाघमारा पहाड़ धसक कर भहरा गिरा था कोयली मुण्डा के माथे पर... सत्यानाश...!

ढाबे तक वापस आते-आते खुनक से खुनसाई साँझ की बयार कानों पर ठण्डे तमाचे मारने लगी थी। साँझ की सिन्दूरी आभा समेटकर धूसर पड़ने लगी थी वन की हरीतिमा।

ढाबे पर पहुँचते ही कोयली ने घुँघची का मुँह तमाचों से भर दिया।

"एकदम पगला गयी है रे घुँघची तू... पागल...! जीते जी गाड़ देते दीकू लोग। तेरे कारण हौलदार सैब भी आज..."

फौजा सिंह ने लपककर कोयली का हाथ थाम लिया था।

"क्या करदा है कोयली...? शेरबच्चा हो के जनानी पर हत्थ उठांदा है?"

"घुँघची ने सब माटीमेट कर दिया सैब!" कोयली की आवाज में करुण भय था। अपराधबोध और भावी अनिष्ट की आशंका थी—"इसका छुआ गाँजा गँजेड़ी बाबा के माथ पर... पूजा तो भरनठ हो गया सैब...!"

"चुपकर ओय...!" फौजा सिंह ने कोयली को झिड़का—"बेकार की गल न कर! पत्थर-माटी में कोई छूत-भूत नईं लगदा।"

"पत्थर नहीं है सैब...!" आर्त हो उठा कोयली का स्वर—"उ बोंगा है। दीकू देवता...!"

"बोंगा ही सही," झुँझला उठा फौजा सिंह—"एक पुड़िया खराब ही सही पर तेरी पुड़िया तो चंगी थी न! पुजारी ने अपने हाथ से छूकर पवित्तर कर दिया था न! फिर के फिकर...?" वह घुँघची से सम्बोधित हुआ—"मत रो बीवी...! तैनू किसी दा बुरा नहीं कीता। बाबे दी मेहर दी छतरी तेरे सिर ते सदा सलामत रहे, ता तेरा डोनका जरूर चंगा..."

कोयली कातर नजरों से टुक-टुक फौजा सिंह को ताकता रहा। घुँघची घूँघट में सुबकती रही।

"क्यों...? मेरी गल ते भरोसा नईं तैनू?" फौजा सिंह विह्वल हो उठा—"कोयली मुण्डा मैनू भरोसे के लायक नईं समझदा? अपने मित्तर को? क्योंकि अस्सी भी एक दीकू..."

"ना सैब, ...ऐसा मत बोलो सैब!" उलाहना कोयली की आत्मा की सतह को छेड़ गया। मन की तलहटी से फूटे अस्फुट-से शब्द—"ऐसा सोचा काहे सैब...? तुम तो मित्तर बोला है हमको। तुम तो हमारे हौलदार सैब हो, फिर भरोसा क्यों नईं...?"

यों आदिवासियों को कुछ समझा लेना बड़ा कठिन होता है,पर फौजा सिंह ने आखिरकार किसी तरह सन्तुष्ट कर उन्हें घर विदा किया। ढाबे के पीछे खड़ा फौजा सिंह मुण्डा दम्पती को नागफनियों की आदमकद झाड़ियों के पीछे गुम होने

तक देखता रहा और फिर ठण्डी आह भरी... "दाता...! तेरा अन्त न जाई लखया...!"

ढलती शाम परिन्दों के कलरव से भरने लगी थी। सँझबाती का समय हो गया था। जंगल में अँधेरा धीरे-धीरे नहीं छाता। घात लगाये चीते की भाँति हठात् झपटता है और सम्पूर्ण अरण्य को दबाकर बैठ जाता है।

ढाबा बन्द रहने के कारण दिन में होने वाली थोड़ी-बहुत कमाई मारी गयी थी, अतः फौजा सिंह ने फौरन से पेश्तर चूल्हे-तन्दूर की ही सुध ली।

जंगलों में कुहासा छँटता भले देर से है पर घिरता बड़ी जल्दी है। सूरज डूबते ही...! थोड़ी ही देर में रास्ते दिखने बन्द हो जाएँगे और ट्रक ढाबे पर पड़ाव डालने लगेंगे।

फौजा सिंह ने जल्दी-जल्दी साग-सालन तैयार किया। अण्डे उबाले और फिर अपने लिए चार टिक्कड़ सेंकने बैठ गया। हालाँकि यह रोज का काम था, पर आज मक्के की रोटियों में वह बात पैदा नहीं हो पा रही थी जिसके कारण लौटनेवाले ड्राइवर उसके ढाबे पर जमघट लगा देते थे।

"साली रोटियाँ आज चंगी उतरती क्यों नईं...?" भूखा फौजा सिंह झल्ला उठा था।

रोटियाँ नहीं फूल रही थीं पर फौजा सिंह के भीतर जरूर फूलने लगा था कुछ-कुछ... "तूने पुजारी को ही धोखा नहीं दिया फौजे, बल्कि एक मासूम बाप से भी फरेब किया है। यह तो यारमारी है वीर मेरे। ...माना कि वहाँ कोई देवता नहीं, सिर्फ एक चट्टान है... गाँजे का ढँका व्यापार है पर कोयली तो पत्थर नहीं है। उस हाड़-मांस के जीते-जागते आदमी से छल? उसके भोले विश्वास के साथ दगा?..." फौजा सिंह बुदबुदा उठा—"मैं पापी तू बख्शनहार....! वाहे गुरु सच्चे पादशाह, मेरे पाप बख्शना...।"

फौजा सिंह ने याद करने की कोशिश की कि उसने धाम पर क्या मन्नत माँगी थी। याद क्या आता? इसकी सुध कहाँ थी तब? और उसके पास माँगने को था भी क्या? ...किसके लिए फिर? वह तो एक ठूँठ वृक्ष था। मरे पत्तों की भाँति झड़ चुकी कामनाओं-इच्छाओं का नग्न गाछ...!

सन् चौरासी के दंगों में बोकारो शहर की जमीन उसका घर-परिवार निगल गयी थी। तब वह लाम पर था जब पिता, माँ, बेटा कुलवीर और पत्नी सुरजीत कौर को उसके पड़ोसियों ने ही...! सब क्रूर दंगों के निर्मम बूटों तले पिस गये थे सीपियों में बन्द सुनहरे सपनों की तरह...! फौजा सिंह को उस आदमखोर शहर से ही घिन हो गयी थी।

यों कहने को दूर के सगेवाले थे दिल्ली में, पर दिल्ली तो खुद कत्लगाह बनी पड़ी थी। ऐसी दिल्ली-बोकारो से तो जंगल कहीं भला था जहाँ दंगे नहीं

होते।... पर यहाँ बीहड़ अरण्य में कौन था उसका अपना? कोई नहीं, परन्तु कोयली मुण्डा के संग-साथ, चढ़ती उम्र की चिलकन भरी धूप में उसके सहारे की छाँह और जीवन के भयावह सूनेपन में बजती डोनका के टुइले की धुन का मोल चुका सकता था फौजा सिंह...? मूल तो मूल, ...सूद भी?

बेशक आज शाम तक माँगने को उसके पास कुछ भी नहीं था। कोई सपना नहीं था पर अब भी क्या देरी हुई थी। उधार रह गयी मन्नत तो अब भी माँगी जा सकती थी। अँधेरे का तीर ही सही पर नीयत तो साफ...! अच्छे लोग वो होते हैं जो दुनिया में खुशियाँ बाँटते हैं पर जो दूसरों के रंजोगम बाँटे वही वाहे गुरु दा सच्चा खालसा...

"ओय कुलवीरे... ज्यूंदा रह पुत्तरा!" हवलदार की आँखों में अपने स्मृति-शेष बेटे का अक्स तैर गया। भीतर जैसे कोई अनहद नाद... "किसी रंग में... किसी शक्लोसूरत में तू ज्यूंदा रहेगा मेरे बच्चे...।"

डबडबाई आँखों से फौजा सिंह ने तवे पर नज़र डाली। इस दफा रोटी सूँ-सूँ कर फूल रही थी और एक अजीब-सी खुशबू...

यह महक मक्के के आटे की नहीं... जलते खाँटी घी की भी नहीं... सीली लकड़ियों के जलने की मीठी गन्ध भी नहीं, न ही खूब तपी जमीन पर पड़ी बारिश की पहली बूँद से उठती सोंधी-घनी-बनैली...! रात के पहले पहर यह कौन-सी वनलता वनफूल सिरज रही थी जंगल में? अपरिचित और अनजानी सुरभि किसकी थी? क्यों थी? बाहर या कहीं भीतर... फौजा सिंह समझ नहीं पा रहा था पर थी जरूर, जो उसके मन-प्राणों को महकाये जा रही थी।

आकाश से जंगल पर धीमे-धीमे उतरता कुहासा फौजा सिंह के भीतर भी समाता-उतरता जा रहा था। नमी से सील रहा था उसकी नाड़ियों-धमनियों में न जाने कब का जमा हुआ बूँद-बूँद लहू! फौजा सिंह ने जोर की साँस खींची तो अन्तस महक से भीग कर तर हो गया।... "तेरा अन्त न जाणा मेरे साहिब.... मैं अँधुले क्या चतुराई...?"

उसने तृप्तिपूर्वक तवे पर खिलती मक्के की रोटी को देखा। स्नेह में नहायी रोटी का सुनहरा रंग दमक उठा था। फौजा सिंह की उदास भूख फिर जग रही थी।

भूत

मैं एक भूत हूँ। बीता हुआ कल। अपनी टाँगों से लाचार मेरे इस दयनीय वर्तमान पर शायद आप तरस खाएँ पर मेरे घिनौने अतीत पर तो शायद आप थूकना भी गवारा नहीं करेंगे। मैं आज आपको अपनी इन्हीं कटी टाँगों की कहानी सुनाना चाहता हूँ।

मैंने अपनी गुजश्ता जिन्दगी में एक... सिर्फ एक सबाब का काम किया था जिसकी सजा मैं आज तक भुगत रहा हूँ। अब मुझे किसी मुसीबतजदा की मदद करने के नाम से भी दहशत होती है।

चूँकि भूत को किसी का भय नहीं होता। चूँकि भूत कभी झूठ नहीं बोलते अत: मेरी इस बात पर आप आँखें बन्द कर यकीन कर लें कि तवायफ चाहे लाख सती-साध्वी बनना चाहे पर 'दल्ले' उसे बनने नहीं देते। मेरी आपबीती जानकर आपको भी शायद मेरी बात पर रत्ती-भर भी सन्देह नहीं रहेगा।

भूख, गरीबी और बेरोजगारी से जूझने को औद्योगीकरण, बाजारीकरण, भूमण्डलीकरण... और न जाने किन-किन उपकरणों से लैस हो रही है दुनिया। गाँव, कस्बों में; कस्बे, शहरों में और नगर महानगरों में तब्दील होते जा रहे हैं। इस गलाकाट प्रतिस्पर्धा के अत्याधुनिक दौर में भूत-बाधा की बात शायद ही किसी प्रबुद्ध व्यक्ति के गले उतरे पर यही उस समय के उस समाज का सच था जो रेलवे की पटरियों के पार बसी तीन कॉलोनियों में बसा था।

छोटा नागपुर (झारखण्ड) की सीमा पर बसा है मेदिनीपुर। यह झारखण्ड का सीमान्त है जो मध्य प्रदेश, उत्तर प्रदेश और उड़ीसा की सीमाओं को अर्ध चन्द्राकार रूप से छूता है।

कस्बे से शहर बनने की ओर तेजी से अग्रसर था मेदिनीपुर। पुराने सामन्तों के विलीन होने के बाद एक नवधनाढ्य वर्ग उभरा है। छद्म-गरीबों का वर्ग। इस तबके ने अपने जरायमपेशा तरीकों से तेजी से पैसे बनाये हैं। उनकी सन्तानें कान्वेण्टों में पढ़ती हैं। शहरों में जमीनें, पेट्रोल पम्प, दूकानें, बहुमंजिली इमारतें हैं उनके नाम पर। कई ऐसे बेचारे 'गरीब लोग' थे मेदिनीपुर में।

मेदिनीपुर रेलवे स्टेशन से दो-तीन किलोमीटर पश्चिम में है वह भूतिया रेलवे-क्रासिंग जहाँ का भूत पास के सिंचाई-विभाग, बिजली विभाग और इन्दिरा आवास योजना की कॉलोनियों से जवान कुंवारी लड़कियों को रातों में उठा लेता था। उन्हें नोच-खसोट... चूस-भँभोड़कर मुँह कपड़े से और कलाइयाँ पीठ पीछे रस्सियों से जकड़कर उन्हें रेल की पटरियों पर फेंक देता था।

ऐसी पहली भुतही घटना तब घटी थी जब इन्दिरा आवास कॉलोनी की जमुनियाँ को भूत उठा लाया था और पटरियों पर फेंक गया था। वह अभागी रेजा-मजूरिन रेल से कट मरी थी। चूँकि वह डोमनी थी अतः उन दिनों उसकी मौत का नोटिस लिया जाना गैर-जरूरी था।

दूसरी दुर्घटना के ब्योरे की कोई अहमियत इसलिए नहीं है क्योंकि इस बार भूत का शिकार एक विवाहिता स्त्री थी जिसे सम्भवतः रात के अँधेरे में भूत ने कुँवारी कन्या होने के भ्रम में उठा लिया था... परन्तु तीसरी घटना जिसका मैं चश्मदीद गवाह हूँ वह घटित हुई थी सिंचाई विभाग की कॉलोनी की एक लड़की प्रीति राय के साथ...! यह संयोग ही था वह बेचारी रेलगाड़ी से कट मरने से बच गयी थी। हालाँकि उसके घरवालों के मुताबिक—'अच्छा तो यही होता कि वह भी कट ही मरती।'

प्रीति राय सिंचाई विभाग में कार्यरत कनीय अभियन्ता रजनीश राय की पाँच बेटियों में सबसे छोटी थी।

झारखण्ड के सिंचाई विभागों में दिन-दहाड़े उल्लू उड़ते हैं। रातों में कुत्ते रोते हैं। सिंचाई के अलावा उससे सम्बन्धित शेष सारे कार्य यहाँ होते हैं। फर्जी बाँधों का निर्माण, फर्जी बिलों का भुगतान...फर्जी दौरे...फर्जी आँकड़े...वगैरह। ऐसे कार्यों के लिए रजनीश राय जैसा उम्र की ढलान पर लुढ़कता व्यक्ति सर्वथा अनुपयुक्त होता है।

वैसी व्यवस्था के ऐसे 'अनफिट' पुर्जा रजनीश राय दफ्तर में बस हाजिरी लगाने ही जाते थे और फिर बचे दिन का लगभग सारा समय अपनी होमियोपैथी की डिस्पेंसरी में मक्खियाँ मारते रहते थे।

कॉलोनी के बाहर, सड़क के किनारे पनवाड़ी के खोखे जैसी एक लकड़ी की दूकान में 'राय जी का दवाखाना' चलता था। रजनीश राय दिन भर अपने दवाखाने में मीठी गोलियाँ शीशियों में भरने, इस बोतल का द्रव उसे बोतल में पलटते रहने, कभी-कभार आनेवाले ग्रामीण मरीजों के संग रोग के बारे में कम और देश-दुनिया के बारे में ज्यादा बतियाने और दवा की पुड़िया बनाने में अधिकतम समय लेते हुए समय गुजारते थे।

रजनीश राय की बेटी प्रीति राय स्थानीय कॉलेज में बी. ए. की छात्रा थी।

नित्य की भाँति उस रोज भी वह कॉलेज तो गयी परन्तु हमेशा की भाँति वापस नहीं लौटी।

प्रतीक्षा की घड़ियाँ बीत चुकने के बाद, शाम ढले रजनीश राय ने प्रीति के बारे में चिन्ता करनी शुरू की। उसके दोस्तों के यहाँ पूछा। बन्द हो चुके कॉलेज तक भी हो आये। चूँकि आसपास ज्यादा पूछताछ करने से बे-मतलब की बातें बनतीं... बदनामी होती अतः रजनीश राय ने अपनी ओर से प्रीति की गुपचुप तलाश की हर सम्भव चेष्टा की।

प्रीति की तलाश में रात के दस-ग्यारह बजे तक बावले कुत्ते की भाँति शहर और सड़कें छानने के बाद, शहर के सोने और सड़कों के शान्त होने के बाद, किस्मत को कोसते, आशंका से ग्रस्त, प्रीति के किसी बुरे अंजाम से त्रस्त असफल रजनीश राय घर लौटे। घर के सदस्यों के साथ भूखे-प्यासे, रात्रि-जागरण करते रजनीश राय ने इस प्रश्न के हर सम्भव उत्तर की पड़ताल की कि आखिर कहाँ जा सकती है प्रीति... ?

थाने में रपट लिखवाने पर पुलिस घर आती। तफ्तीश होती। बात आम होती। कुँवारी लड़की के चरित्र पर लांछन लगते और सबसे बड़ी बात यह हो जाती कि फिर उसके विवाह की बात जल भरे-कटोरे का चाँद हो जाती। पाँच बेटियों का बोझ वैसे ही पिता के सिर पर रखी अण्डों-भरी टोकरी होता है। चूके कि चकनाचूर...।

वह सितम्बर की पूर्णिमा थी। थोड़ी बूँदा-बाँदी के बाद बहती कटखनी हवा और हल्के कोहरे से चाँद तक थरथरा रहा था। तब रात का एक बजा था।

कॉलोनी के पास वाले रेलवे क्रासिंग के हस्तचालित फाटक पर तैनात 'गेटमैन' फटिकचन्द ने गुमटी से दो फलांग दूर रेल की पटरियों पर पड़ी एक सफेद आकृति देखी थी। मद्धिम चाँदनी रात में रेल की पटरियों के बीच वह सफेद मानवाकृति कब और कैसे वहाँ नमूदार हो गयी थी यह फटिकचन्द को पता तक नहीं चल पाया था। वह डर गया। हो न हो यह 'क्रासिंग' वाले भूत की ही एक और भूत-लीला थी।

डाउन ट्रेन के आने का समय हो रहा था। भूत के भय से सहमा फटिकचन्द अपनी दड़बे जैसी गुमटी के भीतर कम्बल लपेटे दुबका रहा। क्या करे... क्या न करे के इस द्वन्द्व से उसे उबारने उसी समय इलाके में नव-नियुक्त युवा थानेदार वकणकर अपनी रात्रि गश्त पर उधर आ निकला। फटिकचन्द की जान में जान आयी थी। वह गुमटी से बाहर निकल आया था। थानेदार की मोटरसाइकिल उसके पास आकर रुकी थी।

"क्यों फटिक? सब ठीक-ठाक... ?" थानेदार ने गर्म ओवरकोट की जेब

से सिगरेट और माचिस निकाली और माचिस को हथेलियों से रगड़कर गर्म करने लगा।

"ठीक कहाँ है साहब जी...! ऊ देखिए तो" फटिकचन्द ने तर्जनी से इंगित करते हुए कहा, "पता नहीं कब से एक आदमी रेलवे लैन में गिरा पड़ा है। हमको लगा कि कौनो बदमाश लैन में बम-उम लगा रहा है। पर ऊ तो वहाँ से हट ही नहीं रहा है।"

"टोका नहीं...?" वकणकर ने सिगरेट का धुआँ बाहर उगला—"पूछा नहीं, कौन है? साले, पहरेदार होकर परछाईं से डरता है?"

"का पता साब जी, कोई दारूबाज है कि किसी ने किसी को मार कर फेंक दिया है। आपके पास तो पिस्तौल है साब जी!"

वकणकर ने सहमति में सिर हिलाया। फटिकचन्द ने थानेदार की घुड़की के भय से फिर भूत की बात जबान पर नहीं आने दी।

यह मामला वैसे तो रेल पुलिस का था पर शायद वकणकर के कर्तव्य निर्वाह के दायित्व ने उसे सजग कर दिया था। किसी मुसीबतजदा की सहायता ही उसका पहला कर्तव्य था। अपने समक्ष वह किसी को रेलगाड़ी के नीचे आता सिर्फ इसलिए कैसे छोड़ सकता था कि वह मामला उसके कार्यक्षेत्र में नहीं आता था।

वकणकर ने अधजली सिगरेट उँगलियों से उछाली। अपनी पिस्तौल निकाल ली। बायें हाथ में टार्च और दायें हाथ में सर्विस रिवाल्वर थामे वह मजबूत कदमों से पटरियों के बीच पड़ी उस आकृति की ओर बढ़ा।

"हाल्ट...! कौन है...?" वह कड़का।

"... ... ...।" कोई उत्तर नहीं मिला।

"उठो, नहीं तो गोली मार देंगे।"

"... ... ...।" आकृति पूर्ववत् मौन-निश्चेष्ट रही।

"अबे उठता है कि नहीं स्साले...?"

पुलिसोचित लहजे में निकली इस धमकी का अपेक्षित प्रभाव पड़ा। निस्तब्ध रात्रि में धीमी-धीमी सिसकियाँ उभरीं। वकणकर को किसी रोने-सुबकनेवाले शख्स से खतरेवाली कोई बात नजर नहीं आयी। वह बेझिझक उस मानवाकृति के सिर पर जा धमका।

वह एक युवा लड़की थी। उसके चेहरे पर मैला-कुचैला कपड़ा बँधा था। हाथ पीछे रस्सियों से जकड़े थे। वकणकर ने बलपूर्वक उसे उठाकर खड़ा किया। चेहरे से कपड़ा हटाया और मुँह पर टार्च की रोशनी केन्द्रित कर दी।

लड़की घायल थी। उसके माथे पर चोट लगी थी जिससे रिसा लहू पपड़ी की लकीरों में बदलने लगा था। वकणकर ने उसका आपादमस्तक निरीक्षण किया।

लड़की के गले और सामने के फटे कपड़ों से झाँकते विकासोन्मुख वक्षस्थल पर दन्त पंक्तियों की रक्ताभ छापें थीं। गर्दन और सीने पर नाखूनों की कई लम्बी-तिरछी खरोंचों-धारियों के साथ कई नीले निशान भी उभरे स्पष्ट दिख रहे थे।

फटिकचन्द ने लड़की को फौरन पहचान लिया। पास आते ही उसने घोषणा की—"साब जी, ...यह तो आस-पास की ही लड़की है साब जी! इधर की किसी कॉलोनी से ही रोज आती-जाती है। पढ़नेवाली है साब जी!"

"हूँ...।" वकणकर गम्भीर हो गया।

लड़की की हालत उसकी जो कहानी चीख-चीखकर बयान कर रही थी उसे समझने में किसी पुलिसवाले को दो मिनट भी नहीं लगने थे।

"क्या नाम है...?" वकणकर ने पूछा।

"मेरा घर कॉलोनी में...।" उसकी पलकें फटी-फटी सी थीं और पत्थरों सी बेहिस आँखें आकाश में टिकी थीं।

"किसकी लड़की है...?"

"मेरा घर कॉलोनी में...।"-दहशत की मारी उस लड़की का सुबकना थम चुका था। अब वह बेजान पथरायी आँखों से बिटर-बिटर उन्हें ताक रही थी।

"अरे बाप का नाम बोल', वकणकर ने जोर से डाँटा।

"मेरा घर कॉलोनी..." डरी गौरैया की भाँति लड़की की देह ने झुरझुरी ली और फिर उसके भीतर जैसे कोई दरका हुआ बाँध हठात् ही पूर्णतः धसक पड़ा था। वह हिचकियाँ ले-लेकर जार-जार रोने लगी थी।

वकणकर ने पहले तो सोचा था कि अपनी मोटरसाइकिल पर ही बिठा ले और लड़की का घर ढूँढ़कर उसे उसके अभिभावकों तक पहुँचाकर छुट्टी पा ले परन्तु पुलिस विभाग की जनता में जो छवि है उसे देखते हुए ऐसी कोई हरकत नादानी ही होती। किसी फटेहाल लड़की को ऐसी स्थिति में ढोते हुए मारे-मारे फिरते पता नहीं कितनी दूर का चक्कर लगाना पड़ता। लेने के देने भी पड़ सकते थे। लड़की के घर वाले लड़की की इस हालत का रिश्ता उसी से जोड़ बैठते या भड़के हुए लोग खुद उसी पर इल्जाम लगा बैठते। हवन करते हाथ जला बैठने वाली बात हो जाती।

वकणकर ने अपने ओवरकोट के नीचे से जेबी ट्रांसमीटर निकाला और पुलिस नियन्त्रण कक्ष से जीप के लिए सम्पर्क किया। उत्तर मिला कि गश्त की एक जीप उसी ओर निकली है जो उसे 'पिक-अप' कर सकती थी।

गश्ती जीप के वहाँ पहुँचने तक लड़की कुछ-कुछ सामान्य होने लगी थी और अपने घर का पता बता चुकी थी। वह लड़की प्रीति राय ही थी। रजनीश राय की दिन-भर से लापता बेटी...।

पुलिस जीप रजनीश राय के क्वार्टर तक पहुँची। वकणकर ने घर के दरवाजे पर दस्तक दी। दरवाजा तुरन्त खुला। कम्बल में लिपटे रजनीश राय घर से बाहर निकले।

"राय साहब... ?" वकणकर ने पूछा।

"हाँ ज़ी! मैं ही हूँ।" रजनीश राय ने बेरुखी से अभिवादन की औपचारिकता पूरी की।

"आपके घर में सब ठीक-ठाक तो है? मतलब कि सब कुछ नार्मल... ? बाल-बच्चे?"

"सो रहे हैं। पर... रात के दो बजे पुलिस मेरे घर... ? बात क्या है?"

"तो आपके घर से कोई गायब-वायब नहीं है। पक्की बात... ?"

"जज्जी...ऽऽ।" रजनीश राय का आत्मविश्वास विलुप्त हो गया। जीभ लड़खड़ा गयी।

"... तो जरा जीप के पीछे पधारिए। पीछे इधर के ही किसी घर की एक लड़की बैठी है। आप यहाँ के पुराने बाशिन्दे हैं... शायद उसे पहचान सकें तो हम उसे उसके घर पहुँचाकर छुट्टी पा लें।"

रजनीश राय जीप के पृष्ठभाग की ओर पहुँचे। हल्की चाँदनी रात की मद्धिम रोशनी में उन्होंने लड़की को पहचाना।

"प्रीति... !" रजनीश राय के मुँह से सिसकारी फूट पड़ी। प्रीति अपने पिता से बन्दरिया के बच्चे-सी चिपटकर फूट-फूटकर रो पड़ी।

"श...श...श...चुप्प!" रजनीश राय ने फौरन उसका मुँह अपनी चौड़ी हथेलियों के ढक्कन से दबाकर बन्द कर दिया। उसे जीप से नीचे उतारा, घर के खुले दरवाजे के भीतर धकेला और बाहर से पल्ले खींच लिये। बन्द दरवाजे से बाहर आनेवाली अन्तिम आवाज किसी स्त्री की थी—"तू मर क्यों नहीं गयी... ?"

रजनीश राय ने थानेदार वकणकर के घुटने थाम लिये।

"अब इज्जत-मर्यादा आप ही के हाथ है साहब! जवान बेटी का मामला... ।"

"...बड़ा नाजुक होता है।" वकणकर ने बात का सिरा थामा, "पतले काँच के बर्तन जैसा। आप इत्मीनान रखें राय साहब, हममें से कोई अपनी जुबान नहीं खोलने वाला। सब भरोसे के लोग हैं। किसके घर बेटियाँ नहीं है? हाँ, मुहल्लेवालों को आप कैसे हैण्डल करेंगे सो आप जानें।"

"...वो सब मैं सँभाल लूँगा।" रजनीश राय ने चैन की एक मील लम्बी साँस ली—"आइए न साहब, कुछ चाय-पानी... कोई सेवा का मौका।"

"नहीं।... आखिर हम तनख्वाह किस बात की लेते हैं। फिर भेंट होगी।

अभी यदि किसी घर में जाग हो गयी तो पुलिस की जीप आपके घर के आगे खड़ी देख लोग शक करेंगे। हजार तरह की बातें बनाएँगे। आदमी की जबान का जहर बड़ी तेजी से फैलता है राय साहब! बेकार बात का बतंगड़ बनेगा।''

रजनीश राय ने सहमति में सिर हिलाया। ओवरकोट की जेबों में हाथ धँसाये वकणकर वापस जीप में जा बैठा और फिर जीप अपने नियमित गश्त पर निकल गयी।

सुबह लोगों ने घायल प्रीति को बाद में देखा, पहले यह बात ही दावाग्नि की भाँति तीनों कॉलोनियों में फैल-पहुँच चुकी थी कि कल रात राय साहब की बेटी रेलवे क्रासिंग वाले भूत का शिकार हो गयी थी। बन्द कमरे में अच्छी भली सोयी प्रीति को आधी रात में भूत हवा में उड़ाकर ले गया था। रेल की पटरी पर ले जाकर पटका ही था कि प्रीति जाग गयी थी। किसी प्रकार टूटी-फूटी हनुमान चालीसा पढ़ती वह जान बचाकर भागने में सफल हो पायी थी।

रजनीश राय के घर अगले रोज सत्यनारायण की कथा हुई। भजन-पूजन हुआ। ओझाओं के मन्त्रपूत जल से घर के चारों ओर पानी की दीवार बनाई गयी। घर में गंगाजल से धोये मन्त्रविद्ध महीन चावल छिड़के गये।

किसकी हिम्मत थी जो पारलौकिक शक्तियों के विरुद्ध हो, भूत-बाधा वाली बात का खण्डन कर सके? पराये घरों में झाँकने की लत वाली स्त्रियाँ भी आतंकित थीं। भूत की बात पर बहस कौन करे! क्या पता, प्रीति पर दीवाना हुआ भूत उनसे ही न चिपट जाए। उनका घर भी न पहचान ले।

अपनी युवा पुत्रियों को किसी भूत-प्रेत की बुरी छाया से बचाने के लिए लगभग हर आशंकित व्यक्ति ने श्रद्धा-शक्ति के मुताबिक पूजा-पाठ करवाये। कालोनियों का वातावरण भक्तिमय हो उठा। अगरबत्ती-धूप-लोबान की महक और वन्दना-झाल-घड़ियाल की आवाजें सुबह-शाम गूँजने लगीं, परन्तु रात गिरते ही भूत का आतंक छा जाता। स्त्रियों-बच्चों-बूढ़ों के टहलने से रात गये तक गुलजार रहने वाली कॉलोनी की सड़कों पर आठ बजे ही भुतैला सन्नाटा लोटने लगता। पुरुष भी बिना जरूरत बाहर निकलने से परहेज ही रखते। नवनियुक्त उत्साही थानेदार वकणकर तो बिना तफ्तीश किये ही यह जानता था कि 'रेलवे-क्रासिंग' वाले भूत का रहस्य क्या था। यह जानकारी काफी विस्फोटक थी। फट पड़ने को तैयार बारूद का एक ढेर जिसमें पड़ताल की आँच दिखाना बेवकूफी थी।

बन्धु, मैं यह बात दावे के साथ कह सकता हूँ कि कोई भी अपराध इतना पूर्णनियोजित, सम्पूर्ण तथा छिद्ररहित नहीं होता कि पुलिस यदि चाहे तो उसमें एकाध सुराग न ढूँढ़ निकाले परन्तु पुलिसवालों के ऊपर कई प्रकार के दबाव होते हैं जो उन्हें स्वतन्त्र रूप से कार्य करने की आजादी नहीं देते।

आप किसी पुलिसवाले से पूछिए, वह कहाँ पदस्थापन चाहता है? निश्चय ही ऊपरी कमाई वाली जगह पर। औद्योगिक नगरों या कोलियरी के इलाकों में जहाँ अवैध धन्धे ज्यादा होते हैं। सीमान्त वन्य प्रदेशों में जहाँ लकड़ी, कत्था या अवैध शराब की तस्करी होती है। जैसे कि मेदिनीपुर...।

युवा थानेदार वकणकर को तफ्तीश के उस रास्ते पर हर्गिज नहीं चलना था जो सन् 1950 के आस-पास जन्मे स्वतन्त्रता सेनानी और मेदिनीपुर सुरक्षित निर्वाचन सीट से लगातार चौथी बार विजयी क्षेत्र के विधायक रघुबर दयाल की कोठी की ओर जाता था क्योंकि तब उसका तबादला किसी ऐसी जगह हो सकता था जहाँ अपराध और आमदनी का ग्राफ पाताल छूता था।

वकणकर को जाँच पड़ताल की उस गली में हर्गिज नहीं उतरना था जिस गली में ठेकेदार बख्तावर सिंह का घर था क्योंकि तब किन्हीं अज्ञात हमलावरों की गोली का शिकार होकर उसे शहीद हो जाना था। दुनिया के पर्दे से भाप की भाँति उड़ जाना था। किसी निर्माणाधीन इमारत की नींव में उसे जीवित डाल कर बुनियाद चुन दी जाती, कहना मुहाल था।

थानेदार को तफ्तीश का कोई ऐसा सिरा हर्गिज नहीं थाम लेना था जिसका छोर इलाके के अघोषित राजा, विधायक जी के चुनाव में जन-धन मुहैया करानेवाले नव-धनाढ्य दादा भाई ठाकुर की छत पर लगे डिश एण्टेना से बँधा था क्योंकि तब शराब के नशे में धुत्त कोई ट्रक ड्राइवर किसी रात गश्त पर फिरते थानेदार के ऐन सामने आकर ट्रक का सन्तुलन खो सकता था। मोटरसाइकिल समेत उसे रौंद कर चूरमा बनाने के बाद ट्रक को या तो रातों-रात आसमान खा जाता या सुबह से पहले जमीन ही निगल लेती।

ऐसी वारदातों में सारे मामले की गहन छानबीन का नाटक करने के बाद मामले को आत्महत्या या अनसुलझे कथित प्रेतकाण्ड का जामा पहनाकर मामले की फाइल दाखिल-दफ्तर कर देना ही समझदारी होती है।

पखवारे-भर की भाग दौड़ और कागजी खानापूरी के बाद आखिर रजनीश राय ने अपना तबादला करवाने में सफलता पा ली थी। किसी को इसकी कानों-कान खबर न हुई। एक दिन अचानक राय साहब के घर पर झूलते ताले को फुसफुसाते सुना गया— 'बेटियाँ पिता के सिर पर अण्डों-भरी टोकरी होती हैं...।' रातोंरात राय साहब कहाँ चले गये कोई नहीं जान सका।

रजनीश राय के खाली किये गये क्वार्टर में अब कोई नहीं रहना चाहता। वह भूत-बसेरा हो गया है। रोशनदानों में कबूतरों के डेरे हैं। शहतीरों में चमगादड़ों के अड्डे हैं। खिड़कियों के छज्जों पर लम्बी-लम्बी घास और वनस्पतियाँ उग आयी हैं। भीतर टूटे फर्शवाले आँगन में उगे बरगद के इर्द-गिर्द बढ़ गया है बेहया का

जंगल। अलबत्ता अभी भी कभी-कभार अर्धरात्रि में उस खाली क्वार्टर के भीतर से उठती नारी कण्ठ की सिसकियाँ बाहर सुनाई दे जाती हैं। कॉलोनी के लोगों का अन्धविश्वास है कि क्रासिंगवाला भूत अब शायद राय साहब के क्वार्टर में ही आन बसा है अत: और भी सावधान रहने की जरूरत है।

अब आप कहेंगे कि मैं कैसे जानता हूँ, इतना सब कुछ। तो जनाब मुझ चश्मदीद गवाह से बेहतर और कौन जान सकता है कि पाँच हजार रुपयों की खातिर उस बलात्कृत अचेत प्रीति राय को पटरियों पर ला फेंकनेवाला शख्स कोई भूत नहीं वही युवा थानेदार वकणकर ही था।... परन्तु पाँच हजार की हकीर रकम पर बिक चुके उस पुलिसिए में थोड़ी-सी इन्सानियत तब भी बाकी थी क्योंकि प्रीति को पटरियों पर डालने के बाद वह फौरन वहाँ से भाग नहीं सका था।

कितना आसान होता है किसी का चले जाना और कितना मुश्किल होता है उसके जाने के बाद उसके खाली स्थान के ठण्डे रीतेपन को महसूसते हुए जीना... जीते जाना! वकणकर को यह गँवारा नहीं हो सका था कि एक बेगुनाह लड़की रेलगाड़ी के नीचे यूँ ही पिस जाए।

एक रात गश्त की अपनी नियमित ड्यूटी के दौरान थानेदार वकणकर एक ट्रक की चपेट में आ गया था। उसकी भुर्ता बनी दोनों टाँगें काट डाली गयी थीं। वह चीखता रहा.... चिल्लाता रहा कि यह कोई दुर्घटना नहीं बल्कि शहर के तीन सफेदपोशों द्वारा उसकी हत्या की साजिश है पर उसके महकमे को, उसके आला अफसरान को उसकी बात की सत्यता पर सूई की नोंक-भर भी यकीन नहीं आया था।

उनके मुताबिक यह सिर्फ एक दुर्घटना थी जिसमें सारा कसूर वकणकर का ही था। उस रात वह जरूरत से ज्यादा शराब पीकर ड्यूटी कर रहा था। नशे में उसकी मोटरसाइकिल लहरा-लहराकर चल रही थी। दुर्भाग्यवश विधायक जी के आवास के पास मोटरसाइकिल उसके काबू से बाहर हो गयी थी और एक 'बेचारे' गरीब ट्रक ड्राइवर के ट्रक की चपेट में आ गयी थी। सौभाग्यवश देर रात एक बैठक से लौटते विधायक जी की नजर इस दुर्घटना पर पड़ी थी और उन्होंने तत्काल पुलिस को इस दुर्घटना की सूचना दी थी। थानेदार वकणकर की भभके मारती वर्दी से बरामद शराब की दो बोतलों ने इस घटना की सत्यता पर मुहर जड़ दी थी।

अब तो आपको ज्ञात हो ही गया होगा कि मुझे इतनी बारीकी से सब कुछ इसलिए मालूम है क्योंकि वह युवा थानेदार वकणकर और कोई नहीं आपका यह भूत ही था। हाँ बन्धु... मैं रिटायर्ड इन्स्पेक्टर वकणकर ईश्वर को साक्षी मानकर यह स्वीकार करता हूँ कि वह थानेदार मैं ही था...जी हाँ मैं...। अपनी एक रात की दरियादिली की सजा मैं आज तक भुगत रहा हूँ। कटी टाँगों पर घिसटती

केंचुए-सी बेचारगी-भरी जिन्दगी...।

मैंने यह बात आपको इसलिए नहीं बतायी है कि मैं अपना अपराध स्वीकार कर रहा हूँ या मेरी अन्तरात्मा पर गुनाहों के बोझ हैं जिसमें से एक को मैं सरकाना चाह रहा हूँ। अन्तरात्मा या प्रायश्चित्त जैसे शब्द तो हम पुलिसवालों के शब्दकोश में होते ही नहीं। मैं तो यह सब इतने विस्तार से आपको इसलिए बता रहा हूँ क्योंकि क्रॉसिंग पर लड़कियाँ फेंकनेवालों का राजदार, फर्माबदार,...हुक्काबरदार...मैं शायद स्वयं भी एक भूत ही हूँ।

एक भला भूत होने के नाते मैं आपको यह सबक देना चाहता हूँ कि यदि आपके घर का कोई व्यक्ति पुलिस विभाग में नौकरी करने को उत्सुक-इच्छुक हो तो उसे ईमानदारी, कर्तव्यनिष्ठा, प्रतिबद्धता, नैतिकता, न्याय, धर्म, ईमान, अन्तरात्मा, सेवा...आदि आदि जैसे वाहियात शब्दों से फौरन पल्ला झाड़ लेना चाहिए। फिलवक्त आदर्श और व्यावहारिकता में से व्यावहारिकता का चुनाव करना ही समझदारी है।

ऑपरेशन हेली

(यह दास्तान इक्कीसवीं शताब्दी के उत्तरार्द्ध में लिपिबद्ध की जा रही है)

''लेकिन मैं हूँ तो वही!''

''नहीं। तुम वह नहीं रहे। मैं किसी मुर्दे के नाम पर आजीवन अनब्याही रह सकती हूँ पर किसी 'ममी' के साथ एक पूरा जीवन जीना मेरे लिए असम्भव है नील... !''

कितने निर्मम थे जेनिस के ये शब्द...।

''जेन... यह तुम कह रही हो...? तुम जेन...?'' नील के शब्दों में क्रोध लेश मात्र नहीं था, बल्कि विस्मय और निराशा थी।

नील ने अपनी मंगेतर की नीली आँखों में अपनी प्रेयसी जेन की छवि तलाशने की कोशिश की पर अब वहाँ कोई जेन नहीं थी। अब वहाँ एक भरी-पूरी, जहीन और दूरअन्देश औरत जेनिस की तस्वीर थी।

मौसमों की भाँति बदल चुकी थी जेन! जेनिस के भीतर जैसे नागफनियों का कोई घना काँटेदार जंगल लहलहा रहा था जिससे गुजरकर बाहर आते उसके शब्द तक बेहद कटे-छिले निकल रहे थे। क्षत-विक्षत हो रहा था नील।

''अब मुझे तुम्हारी उँगलियों का स्पर्श भी वैसा नहीं लगता। अब तो, ...लगता है नील कि... जैसे मेरी देह पर तुम्हारी उँगलियाँ नहीं पाँच लिजलिजे केंचुए रेंग रहे हों।'' जेनिस के शरीर ने हल्की झुरझुरी ली।

''उफ, ...जेन! प्लीज स्टॉप इट...।''

नील अपने कानों में उँगलियाँ ठूँस लेना चाहता था पर उसके हाथों को जैसे फालिज मार गया था। उसके तमाम अंग-प्रत्यंग बेजान लग रहे थे। वह बेबस अपने सामने सफेद यूनिफार्म में खड़ी जेनिस को एकटक, बस ताकता रह गया था। क्या यह वही थी? उसकी प्रेयसी जेन? उसकी मंगेतर जेनिस...??

एक मुकाम ऐसा भी आता है जब आदमी को अपनी सर्वोत्तम उपलब्धियाँ

भी जर्रा लगने लगती हैं। अन्तरिक्ष यात्री नील को अपनी अन्तरिक्ष-यात्रा, यात्रा से अपनी वापसी तक बेमानी लगने लगी थी।

विश्व को उसने बहुत कुछ दिया था। नयी सम्भावनाओं से भरी एक दुनिया के द्वार खोले थे पर बदले में मिला क्या...? वंचना? तिरस्कार...? दया...? हिकारत...हताशा और टूटन...?

नील के कानों में अभी तक जेनिस के शब्द ध्वनित-प्रतिध्वनित हो रहे थे।

''मैं मंगेतर थी उस नील की जो युवा था। सुन्दर और जीवन से भरा-भरा...! तुम बुझ चुके हो नील। रीत चुकी है तुम्हारी इन्द्रियों की शक्ति! तुम्हारी हड्डियाँ और मांसपेशियाँ...! नील नाओ यू आर ए डेड मैन! तुम एक जीती-जागती 'ममी' बन चुके हो जो अब कभी अपने पैरों पर खड़ी नहीं हो सकती।''

''पर जेन...!'' नील ने हताशा के क्षणों से उबरने की पूरी कोशिश की थी—''मैं हूँ तो वही...! मैं वही हूँ जेन!''

''नो ऽऽऽ!'' नील मानो किसी अभेद्य दुर्ग के बन्द लौह कपाटों पर सिर पटक रहा था जिसकी प्राचीर पर खड़ी जेनिस चीख पड़ी थी—''नो ऽऽऽ! तुम वह नहीं हो। अब वह नहीं हो तुम...।''

और फिर कक्ष से बाहर भागती निकल गयी थी जेनिस।

टूट चुका था नील। कितनी महँगी पड़ी थी उसकी अन्तरिक्ष-यात्रा...! उसके भविष्य पर कितनी भारी...? सुदूर अनन्त में खो गये थे उसके कितने ही दिन... महीने और साल...! अन्तरिक्ष के किसी गहरे, काले, घुप्प अँधेरे ब्लैक-होल में रेडियोधर्मी कचरे की भाँति फेंक आया था वह अपने जीवन के दो बेशकीमती वर्ष।

नील को यह अहसास बड़ी तीक्ष्णता से हो रहा था कि भाग्यशाली होते हैं वे लोग जो ऐसे अभियानों में शहीद हो जाते हैं। उन महानायकों के लिए पूरी दुनिया शोकमग्न होती है। उन्हें कोई घिनौना, घिसटता, रीढ़हीन हो चुका लिजलिजा भविष्य तो नहीं जीना पड़ता।

अच्छा होता कि 'गाजी' के रिमोट-कण्ट्रोल या सौर-पैनल ही खराब हो जाते। क्या बुरा था यदि वह खो ही जाता उन्हीं अँधेरी गहराइयों में? उस गहन अँधेरे के किसी कृष्ण-विवर में....? कम से कम वह इस भुलावे में तो मरता कि उसकी मौत पर रोनेवाले लोग भी हैं पृथ्वी पर। इस तिल-तिल कर मरते अन्त से कहीं अधिक खूबसूरत और सकून भरी होती वह मृत्यु! अब वह जिये तो किस कल के लिए?

नील के जबड़े भिंच गये पर जबड़ों में हड्डियों की जगह जैसे रूई भरी थी। संवेदनाहीन मांसपेशियाँ...।

जेनिस की आवाज सुनने को कितना तरसा था उसका मन! किस कदर टूट-

टूट कर याद आती थीं जेनिस की नीली आँखें... ? उसका उड़ता स्कार्फ... ? उसके लहराते भूरे बाल... ?

फटी-फटी आँखों से कक्ष के बाहर भागती जेनिस को ताकता रह गया था नील! कमरे का स्प्रिंग पर टिका दरवाजा धीरे-धीरे बन्द हो रहा था। सँकरा होता हुआ... उसके प्रारब्ध की तरह! जेनिस के सैंड़िलों की ठक्-ठक् उसके भीतर घन के प्रहारों की भाँति बज रही थी।

वह एक महान विजेता था परन्तु प्रकृति की सर्वोत्तम रचना, नारी से विजित हो चुका था। दीन, हीन और निरुपाय...।

उसे महसूस हो रहा था कि 'साइबर-स्पेस' के दौर में विकास के चरम की ओर जिस खतरनाक रफ्तार से भाग रही है यह बेहद उतावली सभ्यता, उतनी ही खौफनाक रफ्तार से विलुप्त हो रहे हैं आदर्श,...सिद्धान्त,...विचारधाराएँ और मानवीय मूल्य...। इन बेमानी हो रहे शब्दों के अन्तकाल में नहीं बदली है तो आदमी की शाश्वत स्वार्थपरता, विकृत लिप्सा और मौकापरस्त सनातन प्रवृत्तियाँ....।

क्या यह वही जेनिस थी जो कभी नील से भी अधिक उत्तेजित हो उठी थी जब सुदूर मंगल ग्रह की यात्रा पर जाने वाले पाँच सम्भावित यात्रियों में नील का नाम भी शामिल किया गया था।

यह पूर्व के तमाम विकसित देशों के एशियन ग्लोबल विलेज (विश्व-ग्राम) का संयुक्त अभियान था। मंगल ग्रह पर मानव के प्रथम अवतरण और हर छिहत्तरवें वर्ष पृथ्वी के सौर-मण्डल के समीप से गुजरने वाले धूमकेतु 'हेली' को करीब से देखने की महत्वाकांक्षी मुहिम...।

पगली-सी जेनिस उत्तेजना के अतिरेक में नील के गले से झूल गयी थी। – "आपरेशन हेली...। ओह नील... अ क्लोज इनकाउण्टर आफ मार्श एण्ड द कॉमेट हेली! वाट अ ग्रेट चांस...मुझे तुम पर भरोसा था।...आई लव यू नील...आई...।" चुम्बनों से गीला-गीला हो गया था नील। चर्चित व्यक्तियों के निजी जीवन में दखल देनेवाले न्यूज-हण्टर पत्रकारों-फोटोग्राफ़रों ने नील और जेनिस की कुछ अन्तरंग तस्वीरें भी अखबारों में प्रकाशित करा दी थीं।

रातों-रात विश्व ग्राम की एक नायिका बन गयी थी जेनिस। 'आपरेशन हेली' के सम्भावित नायक की प्रेमिका। आकर्षण का केन्द्र....। अब वह कोई आम औरत नहीं थी बल्कि मंगल पर अवतरित होने वाले भावी प्रथम मानव की भावी पत्नी थी।

महीनों चला था कठिन प्रशिक्षणों का दौर। भारी-भरकम स्पेस-सूट

(अन्तरीक्षिय पोशाक) को झेलने की आदत...। कृत्रिम उपग्रह के मॉडल के भीतर पृथ्वीके गुरुत्वाकर्षण से आठ गुणा अधिक दबाव में जीने का प्रशिक्षण। निर्वात में राकिंग और जोखिम-भरी कलाबाजियाँ...। शून्य में शारीरिक और मानसिक सन्तुलन कायम रखने का अभ्यास। भारहीनता की स्थिति में चलने-फिरने और काम करने की ट्रेनिंग...।

नील के भीतर जैसे महत्वाकांक्षाओं की कोई भट्ठी धधक रही थी। कुछ विशिष्ट कर गुजरने की आग थी। अपने को साबित कर दिखाने की बेचैनी और अन्तरिक्ष को छूने की अदम्य तृष्णा ने नील में जैसे तमाम परीक्षणों पर खरा उतरने का एक जुनून-सा पैदा कर दिया था। नील आर्कमिडिस जैसे उन जुनूनियों में से एक था जिसने कभी दावा किया था कि तुम मेरे विशाल लीवर को टिकाने के लिए आकाश में एक 'टेक' दे दो, मैं पृथ्वी को भी उठा सकता हूँ। अन्तिम चुनाव तक नील ने स्वयं को मानसिक और शारीरिक रूप से स्वस्थ रखा था।

'गीसा' (ग्लोब इण्टरनेशनल स्पेस एसोसिएशन) की सर्वसम्मत राय भी यही बनी थी कि फिलहाल सिर्फ नील ही अन्तरिक्ष के एकाकीपन और दबावों से जूझने की कूबत रखता था। किन्हीं कारणों से उसके न जाने की स्थिति में कैप्टन बेरी को उसका स्थान लेना था।

नील अपने चुनाव के प्रति आश्वस्त था। अलभ्य को हठात् पा लेने की जैसी कोई उत्तेजना नहीं थी उसमें। आखिर अन्तिम आदेश भी मिल ही गये थे—

''स्कवाड्रन लीडर नील, ...! यू हैव टू गो ऑन द मिशन, 'आपरेशन हेली'! प्लीज रिपोर्ट।''

नील को आज भी याद है हर्ष, गर्व और उत्तेजना से तमतमाता जेनिस का वह ताँबई चेहरा। जेन की स्फटिक-सी आँखों में उगती कई-कई मन्दाकिनियाँ...! आकाश-गंगा-सी चमक...! जेनिस की कही बातें...! उत्तेजित मन के तल पर खदबदाती असम्बद्ध पंक्तियाँ...।

...''विश्व को तुमसे बेशुमार उम्मीदें हैं...। आई हैव प्राउड! मेरी भी सारी उम्मीदें तुम्हारे ही साथ बँधी हैं। मैं तुम्हारी प्रतीक्षा करूँगी नील। काश मैं भी तुम्हारे साथ चल सकती...। जीना-मरना साथ-साथ...''

''...मुझे वापस आना ही है जेन!'' नील ने जेनिस के अधरों से वायदा किया था, ''मैं लौटूँगा जरूर... तुम्हारी खातिर...।''

''कब तक... ?'' नील के तपते अधरों की तपिश! जेनिस के नेत्र बन्द थे। बाँहें खुलीं। मस्तिष्क 'ट्रांस' की स्थिति में।

''डोण्ट बी सिली...! मेरी वापसी की तारीख सारी दुनिया को पता है। मैं तो पृथ्वी से नियन्त्रित एक धूमकेतु हूँ और धूमकेतु समय के बड़े पाबन्द होते हैं।

अपने परिक्रमा-पथ पर अडिग...!"

"शटअप..यू...!" जेन का वह अश्रुसक्ति चेहरा! कुमुदनी की पंखुड़ियों सी आँखें खुली थीं—"कॉमेट अशुभ होते हैं...।"

"हेइ...! डोण्ट बी अ फूल...!" नील ने उसके कपोलों पर थपकी दी थी—"इक्कीसवीं शताब्दी में भी मध्ययुगीन मिथकीय अन्धविश्वासों पर यकीन...। बीइंग ए डॉक्टर...?"

जेनिस की वह सजल आँखें...! वह आँसुओं से भीगा चेहरा...! रुँधा कण्ठ...! उसकी अष्टधातु की प्रतिमा-सी देह...! अनावृत मादक मांसलता की वह सम्मोहक तपिश...! आज जेनिस की आवाज में वह गरमाहट नहीं थी। वह बदला था या नहीं पर जेनिस जरूर बदल चुकी थी।

टेक-ऑफ (उड़ान) के लिए जब काउण्ट-डाउन (उल्टी गिनती) चल रहा था तो नील एक अजीब से उन्माद और सम्मोहक नशे से भरता जा रहा था। उल्टी गिनती शून्य की ओर बढ़ रही थी और नील के भीतर जैसे भरता जा रहा था ब्रह्माण्ड का अनन्त विस्तार...। चेतना में उगने लगे थे राशि-चक्र... आकाश-गंगा और निहारिकाएँ...।

जीरो आवर...। अन्तरिक्ष शटल वराह 'कास्मोड्रोम' (उड़ान पट्टी) से उठा था और फिर एक सौ बारह किलोमीटर प्रति सेकण्ड के पलायन वेग से अन्तरिक्ष को भेदने हेतु लपका था। वेधशालाओं की लम्बी दूरबीनें 'वराह' की हौलनाक रफ्तार का पीछा कर रही थीं।

जीवन के रहस्यों की नयी खोज-यात्रा प्रारम्भ हो चुकी थी। पार्थिव मानव की सबसे बड़ी छलाँग...। सबसे लम्बी उड़ान...! नील ने अपने सामने जड़े पैनलों, सूइयों और सूचक यन्त्रों का निरीक्षण किया था। सबकुछ ठीक था। यान पृथ्वी के गुरुत्वाकर्षण से बाहर निकल चुका था।

पृथ्वी के गुरुत्वाकर्षण से परे, छत्तीस हजार किलोमीटर दूर भू-स्थिर कक्षा के ऊपर तैरते स्पेस-स्टेशन (अन्तरिक्ष-केन्द्र) पर पहले से मौजूद यात्रियों प्रभाकर महानामा और सगीर अहमद कुरेशी ने उसका जोशीला स्वागत किया था। आगे की यात्रा पर जानेवाला एक दूसरा यान 'गाजी' तैयार था।

अन्तरिक्ष के अकेलेपन में सचमुच किसी मानवीय स्पर्श को तरस जाता है आदमी। महानामा और कुरेशी ने नील को बड़ी भावभीनी विदाई दी थी। कुरैशी कुछ ज्यादा ही भावुक हो रहा था यह सोचकर कि क्या पता महायात्रा पर अग्रसर नील लौटकर वापस आ भी सके या नहीं...। फिर मुलाकात हो कि न हो।

चन्द्रमा के कुछ हजार किलोमीटर निकट से गुजरते नील को न तो चन्द्रमा पर पंजों के बल खड़ा कोई खरगोश दिखा था और न ही कोई बैठी चरखा कातती बुढ़िया। मुँहासों-फुन्सियों से भद्दा हुआ पड़ा था चाँद का मुँह। खड्डों-गढ़ों से पटी थी जमीन...।

छः महीनों की इस महायात्रा में रात और दिन का फर्क खत्म था। सूर्य-रश्मियाँ बिना किसी अवरोध से परावर्तित हुए अनन्त की ओर यात्राएँ करती रहती थीं। छाया रहता था चहुँओर घना अन्धकार...! हर तरफ...! यान के बाहर का तापमान शून्य से ढाई सौ डिग्री नीचे तक...! चन्द्रमा की भाँति ऊपर टँगी दिखती हरी-नीली पृथ्वी के नीचे किसी शेषनाग का फन या वराह की थूथन नहीं थी।

नील की आँखें पैनलों पर लगी सूइयों-सूचकों पर टिकी रहती थीं। हाथ निगत कार्यों को निपटाने में तत्पर रहते थे। कानों में सिमटी रहती थीं सारी इन्द्रियाँ...। सूक्ष्मतम ध्वनि को ग्रहण करने हेतु चौकन्ने कान तब हठात् थरथरा उठे थे जब उसका यान एक झटके के साथ ठहर गया था। पृथ्वी से डेढ़ घण्टे की यात्रा करने के बाद उस तक पहुँचे थे 'गीसा' के संकेत...।

"कांग्रेट्स...। एट लास्ट यू हैव डन इट।"

कलेजा उछलकर तालू से आ सटा था। सचमुच..? कुछ सौ मील परे था गुलाबी रंगतवाला खूबसूरत पिण्ड...मंगल। उनचास करोड़ सत्तर लाख किलोमीटर की वह घुमावदार ऐतिहासिक यात्रा थम चुकी थी। नील ने किसी मानव द्वारा तय की गयी अधिकतम दूरी माप डाली थी।

सर्वोच्च शासनाध्यक्ष कमाण्डर जनरल फिलिप सेन वोको की बधाई के साथ यान धीमे-धीमे मंगल की ओर सरकने लगा था। निकट... और निकट! सटी आ रही थी मंगल की धरती।

वह मंगल की बंजर भूमि पर उतरा था। दूर मीलों आगे मंगल का एवरेस्टी ज्वालामुखी 'निक्स ओलम्पिया' जैसे पृथ्वीवासी की इस सफलता पर मुस्कुरा रहा था। हँस रहा था पृथ्वी का सबसे निकटस्थ तारा...। पृथ्वी से चार प्रकाश वर्ष दूर स्थित 'प्रोक्सिमा सेण्टोरी!' विहँस रही थी इतिहास की देवी 'क्लियो'।

नील को उस वक्त विश्व की तमाम उपलब्धियाँ गौण लग रही थीं। राख का ढेर....। विश्व-विजय के स्वप्न सँजोनेवाले, भू-खण्डों को जय करने के वे तमाम महात्वाकांक्षी...हिटलर, ...सीजर, ...नादिर, ...सिकन्दर, ...चंगेज...उसे बेहद बौने लगने लगे थे। 'डॉन-क्विकजोट' जैसे मसखरे।

उस निर्जन और एकान्त स्वप्निल प्रदेश में सब कुछ निस्पन्द था। प्रशान्त...! नील ने मंगल की धरा पर विजय-पताका फहराई थी। कुछ स्मृति चिह्न छोड़े थे। रेत, पत्थर और मिट्टी के नमूने विशेष स्काई-बैग में एकत्र किये थे और फिर वापस

यान में लौट आया था। 'गाजी' मंगल ग्रह की परिक्रमा करने अपनी अगली एक वर्ष की लम्बी और सम्मोहक यात्रा पर चल पड़ा था। फैण्ट आब्जेक्ट कैमरे लगातार पृथ्वी पर उच्च चुम्बकीय तस्वीरें भेज रहे थे मंगल की, धूमकेतु 'हेली' की। करोड़ों मील तक फैली 'हेली' की दुम की। मेमोरी कम्प्यूटर की फ्लापियों में हर सेकेंड नवीनतम सूचनाएँ दर्ज हो रही थीं।

नील अह्लादित था। चरम आनन्द की अनुभूतियों से आप्लावित! इस यात्रा में लगनेवाले चौबीस महीने जैसे चौबीस पल थे। वह तो अपना पूरा जीवन भी इस अभियान को समर्पित कर सकता था।

यान बढ़ता जा रहा था। समय अच्छा गुजर रहा था कि अचानक एक मुसीबत आ टपकी थी। दबे पाँव नहीं, धमाके के साथ...! यान से कोई आकाशीय पिण्ड आ टकराया था। टेनिस की गेंद के बराबर का वह पिण्ड कोई क्षुद्र ग्रह या उल्का थी। या शायद वह धूमकेतु 'हेली' की दुम से छिटका कोई अवशिष्ट था।

सौर बैटरियाँ इस टकराव के कारण मन्द होने लगी थीं। उनके साफ्टवेयर नाकाम हो रहे थे। सौर-पैनलों के सर्किट भंग हो गये थे। यान आड़े-तिरछे हिचकोले खाने लगा था। पृथ्वी पर, 'गीसा' के नियन्त्रण कक्ष के अन्तरिक्ष वैज्ञानिक इस अनजानी आफत से जूझने की कोशिश कर रहे थे।

बड़े कठिन प्रयासों के बाद स्थितियाँ नियन्त्रण में आ सकी थीं पर इस दौरान यान में ठण्ढक कुछ बढ़ चुकी थी। 'गीसा' ने बताया कि यान की कम्प्यूटर प्रणाली में आये किसी नुक्स के कारण यान की वायु-संवहन प्रणाली भी ठप्प हो गयी थी। यान के पिछले माड्यूल (हिस्से) में आर्द्रता खतरे की हद पार कर रही थी जहाँ एक 'कैप्स्यूल' (कक्ष) में नील के सहयात्री थे। कुछ मुर्गियाँ, ...जिन्हें अपने अण्डों से चूजे निकालने थे। चूहे, जिन्हें गर्भधारण और प्रसव करना था। मछलियाँ थीं। कई प्रकार के बीज थे जिन्हें अन्तरिक्ष में अंकुरित और पल्लवित होना था। कई प्रकार के जीवाणु और विषाणु...! इनके तापमान, रक्त-चाप और हृदय-गति के आँकड़े जमा करने थे।

विशेष पम्पों द्वारा गर्म हवाओं के झोंकों से माड्यूल को सुखाते-सुखाते काफी देर हो चुकी थी। नील के सहयात्री अन्तरिक्ष की भेंट चढ़ गये थे। अन्तरिक्ष न मुर्गियों को रास आया था, न चूहों को। मछलियाँ और अँकुराते बीज भी नष्ट हो गये थे। इनके जीवित रहते नील को लगता था जैसे इस यात्रा में वह अकेला नहीं है। पृथ्वी के और जीव भी साथ हैं परन्तु अब वह स्वयं को इस गहन अन्तरिक्ष में निपट एकाकी महसूस करने लगा था।

पेश आयी दुर्घटना और सामूहिक मौतों ने अकस्मात् उसके भीतर मृत्यु की किसी दबी दहशत को मानो कोंच कर जगा दिया था। पहली बार उसके भीतर दूरी और ऊँचाई के आतंक ने करवटें ली थीं। सम्मोहन से भरे चमकते काले नाग की भाँति! नील के मस्तिष्क में यह विचार कौंधा था कि यदि यान का रिमोट-कण्ट्रोल टूट जाय और वह असीम अन्तरिक्ष की किसी असमाप्त यात्रा पर निकल पड़े तो... ? गुमनाम मृत्यु की कल्पना से उसे दहशत हो आयी थी। इतना कमजोर और भीरु तो कभी नहीं था नील!

यान अब नियन्त्रण में था पर अनियन्त्रित होने लगे थे नील के विचार। यान की दिशा बिल्कुल ठीक थी पर नील के विचारों का प्रवाह भटका जा रहा था। बदलने लगी थी उसके सोच की दिशा। महाभारत के एक पात्र बर्बरीक के कटे शीश की भाँति पृथ्वी से तीन सौ ग्यारह करोड़ मील दूर अधर में लटका था यान। उस अनन्त में, काली अँधेरी चादर की पृष्ठभूमि में टँगे घूम रहे थे ज्योतिषीय गणनाओं के औजार...। ग्रह-नक्षत्र...! हिलियम-आमोनियम-हाइड्रोजन और मिथेन गैसों से लिथड़े देवगुरु बृहस्पति...! मंगल के दो चन्द्रमा भय (फोबोस) और आतंक (डेसिमोस)... मिथकीय पुराकथाओं के नायक विचर रहे थे। शनि, वरुण, वारुणी और यम..! सौरमण्डल के बाहर धुमकेतु 'हेली' और उसकी गैस-धूल से भरी पूँछ...।

नील को रोज बजाने पड़ते थे चुम्बकीय ध्वनि तरंगों के कैसेट...। किसी अनजान ग्रह के अजनबी निवासियों से सम्पर्क स्थापित करने हेतु पृथ्वी की रिकार्ड की हुई आवाजें।

अँधेरे महाशून्य में किसी के फर्श पर चलने की आवाजें प्रसारित होती थीं। कदमों की चाप...! नील को बेतरह याद आने लगती थी छड़ी टेक कर चलती अपनी बूढ़ी माँ। बारिश की बूँदों की रिमझिम आवाजें... नील भीग उठता अपने अन्तस में बरसती फुहारों से। ...फिर चुम्बनों की आवाजें...! अन्तरिक्ष के घटाटोप अन्धकार में जैसे शनैः-शनैः उभरने लगता था जेनिस का चेहरा। उसके रक्तिम होंठ। नीली आँखें। आखिर में उभरती थी चिपांजी की चीख। नील को एहसास होता जैसे यह घबराहट और आतंकित चीख स्वयं उसके भीतर से ही उठ रही हो।

शून्य के भूतिया सन्नाटे में ध्वनियाँ यात्राएँ नहीं करतीं। कुछ सुन पाना सम्भव नहीं था परन्तु पहले कई-कई बार सुनी आवाजें... उनकी तरंगें नील को अपने मस्तिष्क की शिराओं में घुलती महसूस होती थीं। कितने एकाकी थे वे दिन...! आजीवन कारावास की तरह।

जेल में तो फिर भी चार कैदी साथ होते हैं। प्रहरियों के बूटों की धमक होती है। सुबह-शाम खुलते-बन्द होते दरवाजों और लोहे की सलाखों की ठण्डी आवाजें

होती हैं पर गहन व्योम में सदैव छाया रहता था भूतैला सन्नाटा।

वहाँ न अलसाती सुबहें थीं न मदमाती शामें थीं। बादल के एक नन्हे-से चिथड़े को तरस-तरस जाता था मन।

वहाँ की यथास्थिति में कोई परिवर्तन नहीं होता था। उस गहन तिमिर में या तो कोई देवता जी सकता था या फिर प्रेतात्माएँ! कभी-कभी तो नील को यही महसूस होने लगता कि वह पृथ्वी से मुक्त हो चुकी कोई भटकती प्रेतात्मा ही है या फिर विश्वामित्र के मनुष्य को सदेह स्वर्ग पहुँचाने के असफल अभियान का अभिशप्त पात्र...त्रिशंकु। जीवन के अन्तिम सत्य, मृत्यु से साक्षात्कार के बाद अन्तरिक्ष का वह भयावह एकाकीपन कुछ और गाढ़ा लगने लगा था...।

सोचने लगता नील, पता नहीं क्यों मानव महाशून्य के प्रति इतना आशान्वित है। इन लगभग दो सौ अरब सितारों और अपनी आकाशगंगा के ग्रहों में से दस लाख... या फिर दस करोड़ तक... पर जीवन होने की बचकानी उम्मीदें लगाये हैं लोग। अज्ञात अजनबियों के लिए सन्देश! कुछ भी तो नहीं था वहाँ! कत्तई कुछ नहीं।

पृथ्वी पर एकता तो बना नहीं सकते परन्तु अन्तरिक्ष में अनजानी सभ्यताओं के प्रति प्रेम का प्रदर्शन किया जा रहा था। यह मृत्यु का दर्शन था या निपट अकेलापन...? नील अब दार्शनिकों की भाँति तार्किक हो उठा था। सदियों से आदमी प्रेम की ओट में बस बलात्कार भर करता आया है। पृथ्वी की शर्म-सुरक्षा का कवच... पृथ्वी की ओजोन चादर छलनी-छलनी कर उसे नंगा कर डाला है मनुष्य ने। फिर इस घिनौने कुकृत्य की जाँच का स्यापा। आयोग और सम्मेलन...। 'ग्रीन-पीस', 'पृथ्वी सम्मेलन' और 'सेवअर्थ' जैसी बैठकों के तमाशे। माण्ट्रियाल, हेलसिंकी और लन्दन से लेकर रियो-द-जिनेरियो, क्योतो और भारत तक...!

पृथ्वी के हित में आकाश में टाँग दी गयी हैं कृत्रिम उपग्रह की सैकड़ों खुफिया आँखें ताकि पड़ोसियों के घर-आँगन में ताक-झाँक की जा सके। प्रकृति को प्राकृतिक रूप में न जीने दे कर उसे संसाधनों में बदल कर दूह डालने की होड़ लगी है।

विध्वंसक अनुसन्धानों के पिरामिडों के नुकीले शीर्ष पर स्थापित वेधशालाओं में बैठा मनुष्य दूरबीनों से अपनी गुरिल्लाई आँखें चिपकाये घूर रहा है अन्तरिक्ष को। अपनी समस्त वासनाओं, विज्ञान के विनाशक पंजों और तकनीक के विकृत नाखूनों के साथ...।

...और अब अन्तर्ग्रहीय यात्राएँ...! अनाम सभ्यताओं के अन्वेषण और मित्रता के दौत्य नकाबों के पीछे छुपी है चन्द्रमा और मंगल की भूमि को हड़पने की आदमी की वही औपनिवेशिक वासना...। स्टार-वार जैसे नरमेध। अन्तरिक्ष को बाजार

और युद्धस्थल में परिणत कर बौद्धिक सम्पदाओं की लूट हेतु पाषाणयुगीन कबीलाई युद्ध...।

नील को बड़ी शिद्दत से याद आने लगी थी अपनी पृथ्वी। हरे-आसमानी-नीले रंगों वाला चमचमाता ग्रह। सारे जहाँ से अच्छी अपनी जमीन।

अब वह वापस लौटना चाहता था। माँ और जेनिस के साथ एक सीधे, सामान्य और भागमभाग रहित जीवन जीने की ख्वाहिश जाग चुकी थी। उसकी दुर्दमनीय जिजीविषा उसे पृथ्वी पर वापस लौटा भी लायी थी पर जब वह धरती पर वापस पहुँचा था तो मौसम बदल चुका था। बल्कि पूरी कायनात ही बदल चुकी थी। उसके तमाम स्वप्न महल ध्वस्त हो रहे थे। उस शीश महल के मलबे में दफन हो रहा था उसका पूरा भविष्य...।

मंगल की परिक्रमा पूरी होते ही उस नीरस दिनचर्या में जीवन के संकेत मिले थे। वापसी के आदेश—"यू आर ऑन रिटर्निंग जर्नी नाओ। वेलकम टू द प्लेनेट अर्थ...!"

नील के मरते शरीर में जैसे संजीवनी का चूरा भर गया था। माँ की प्रतीक्षारत सजल आँखों और जेनिस की फैली बाँहों के हजार-हजार अक्स मानो ब्रह्माण्ड में चारों ओर तैर उठे थे। ...अलविदा मंगल...! गुडबाय हेली!

यान वापस लौट चला था। नील को अब यह मुहिम कोई महान उपलब्धि नहीं बल्कि थैले भर मिट्टी, पत्थर और रेत का ढेर लगने लगी थी। क्या यही होती है मानवीय जान की कीमत? बस इतनी सी? इन्हीं के लिए अन्तरिक्ष के गहरे काले घुप्प अँधेरे किसी ब्लैक होल में रेडियोकर्मी कचरे की भाँति फेंक दिये गये उसके जीवन के दो बहुमूल्य साल। भू-स्थिर स्टेशन पर वापसी और फिर वापस पृथ्वी की ओर...! 'वराह' अपनी थूथन गाड़े पृथ्वी के वायुमण्डल को भेदने लपका था।

पृथ्वी के वायुमण्डल में प्रवेश करते ही नील के 'स्पेस-सूट' में जैसे चींटियों की बाँबियाँ खुल पड़ी थीं। पूरे शरीर में रेंगने लगी थीं हजारों-करोड़ों चीटियाँ। तेज... और तेज...! प्रशिक्षण के दौरान तो कभी नहीं हुई थी ऐसी अनुभूति! पूरी देह को नोचती चींटियों की सुइयों जैसी तीक्ष्ण चुभन! ऐंठन...!

वह आतंकित हो उठा था। रोम-रोम स्वेदसिक्त! बस, अब यही जीवन का अन्त है। एक और असफल अभियान! 'आपरेशन हेली'। तनी रस्सी पर चलने के खतरे को एक नट ही समझ सकता है, तालियाँ बजानेवाले दर्शक नहीं। 'गीसा' में बैठे अन्तरिक्ष के बाजीगर नहीं...। किसी भी क्षण उसका यान भी अमरीकी शटल यान चैलेंजर की भाँति फट पड़ेगा और वह भी अभागे अन्तरिक्ष यात्रियों की

सूची में शामिल हो जाएगा। कॉस्मोड्रोम (उड़ान पट्टी) तक पहुँचते-पहुँचते उसकी चेतना डूबने लगी थी।

आँखें खुलीं तो वह विशेष प्रयोगशाला के इण्टेसिव केयर यूनिट (गहन चिकित्सा इकाई) में था। वैज्ञानिकों की सटीक गणना, दक्ष समयानुमान और निर्दोष तकनीक ने उसे पृथ्वी पर सकुशल उतार तो लिया था परन्तु यान के उड़ानपट्टी पर स्थिर होते-होते तक नील चेतनाहीन होने लगा था।

उसने दृष्टि चारों ओर फिराई। अपनी ही देह बेजान और अजनबी-सी लग रही थी। मांसपेशियों की ताकत यूँ निचुड़ी महसूस हो रही थी मानों भीगे स्पंज के टुकड़े को पूरी ताकत से दबाकर कतरा-कतरा द्रव निचोड़ डाला गया हो।

उसके शरीर से जुड़ी थीं कई प्रकार की नलिकाएँ, तार और यन्त्र! रक्त, विटामिन्स, मिनरल्स और सलाइन की ड्रिप्स...!

जेनिस जब वहाँ पहुँची तो पगली-सी... उद्भ्रान्त बदरी-सी...! दरकी दीवार की भाँति वह नील पर लगभग ढह ही पड़ी थी। उसकी छाती पर झुकी जेनिस उसे बेतहाशा चूमने लगी थी। सिर...कपोल... आँखें...! पर नील की पसलियों में उठने लगी थीं पीड़ा की मरणान्तक लहरें...। चेहरा दर्द से ऐंठकर विकृत होने लगा था। डाक्टरों-नर्सों ने जेनिस को जबरन नील से परे नोचा था। अन्तरिक्ष से लौटे किसी व्यक्ति से इस प्रकार का संसर्ग...? वह भी एक अनुभवी डॉक्टर के द्वारा...?

जेनिस के उस आवेश ने नील की पसलियाँ तोड़ डाली थीं। विशेषज्ञ चिकित्सकों को आश्चर्य हुआ था। स्थिति गम्भीर थी। नील की हालत कुछ ज्यादा ही खराब थी। उम्मीद से बहुत-बहुत ज्यादा खराब! अन्तरिक्ष ने उसकी हड्डियों को घुन की भाँति चाट लिया था। पक्षियों की खोखली अस्थियों की भाँति कमजोर हो गयी थीं नील की हड्डियाँ।

फिर प्रारम्भ हो गयी थी परीक्षणों की लम्बी शृंखला। नील अब एक गिनी-पिग (सूअरनुमा चूहा) बन गया था। रक्त, स्वेद, मल-मूत्र, ,खँखार, बाल, वीर्य और खाल तक...! तमाम चीजों पर अनगिनत परीक्षण किये जाने लगे थे।

नित्य बदली जा रही थीं दवाइयाँ और इंजेक्शन्स पर उसका वजन तेजी से गिरता जा रहा था। एक तो नींद दुर्लभ चीज हो गयी थी ऊपर से सिर पर नंगी तलवारों-सी लटकी नर्सें। नसीहतें और हिदायतें...! जीवन... जैसे कन्धों पर लदा कोई सड़ा मुर्दा...! जिसे अपनी इच्छानुसार जिया न जा सके, वह भी कोई जीवन हुआ? नील के लिए अब निःस्सार हो चुके थे भौतिकी के सूत्र और गति-विज्ञान

की गणितीय गणनाएँ...! खगोलिकी के सिद्धान्त और ब्रह्माण्ड की यात्रा...।

उसके मस्तिष्क, हृदय, नस और नाड़ियों से कई-कई तार जुड़े थे। टेलीविजन जैसे मानीटरों के पर्दों पर मस्तिष्क-तरंगों, रक्त-प्रवाह, हृदय-स्पन्दन के ग्राफ चमकीली लकीरों की शक्ल में प्रतिबिम्बित होते रहते थे। एक-एक लकीर का रेकॉर्ड रखा जा रहा था।

इन तमाम अलामतों और वातावरण से निरपेक्ष होता जा रहा था नील। रोज-रोज घटित होने वाली चीजें सामान्य दिनचर्या बनती जा रही थीं। वह बिस्तर पर चित्त लेटा बस छत को घूर सकता था। वह जान चुका था कि माँ नहीं आनेवाली। माँ मर चुकी थी और जेनिस के सिवा किसी और को उससे मिलने की इजाजत भी नहीं थी।

दिन, सप्ताह, पखवारे और महीने...! शुरुआती दिनों में जेनिस हफ्ते में एक बार नील से मिलने जरूर आती थी। पर अब उसके आगमन के अन्तराल लम्बे होने लगे थे।

...और आज जब जेनिस आयी तो नील को सिस्टर वांग हुई चेन से यह ज्ञात हो चुका था कि जेन ने अपनी ओर से मँगनी तोड़ दी थी। अब वह नील के अन्य सहकर्मी कैप्टन बेरी से शादी करनेवाली थी।

नील ने जेनिस से दो-टूक पूछा था—

"जेन, क्या सचमुच तुम कैप्टन बेरी से...?"

"हाँ नील...।"

"क्यों...?" उसने क्षीण आवाज में पूछा था, "क्या तुम मेरी प्रतीक्षा से उब चुकी हो? या मुझसे ही?"

"अपने को देखो नील!" जेनिस के शब्दों में बर्फानी हवा की तासीर थी-"क्या तुम्हें लगता है कि तुम एक स्वस्थ और सुखी दाम्पत्य निभा सकोगे? ऐसी कोई कोशिश आत्महत्या होगी और नील... प्लेटॉनिक लव पर मुझे यकीन नहीं है। तुम्हारी रीढ़ की हड्डियों में खालीपन पैदा हो चुकी है। तुम्हारे नर्वस सिस्टम फेल्योर हो रहे हैं।"

जेनिस की बातें मानो हजारों उल्काओं की मूसलाधार बारिश थी और नील के तमाम ख्वाहिशों के किले मानों काँच के बने थे। झन्नाकों के शोर के साथ टूट रही थीं महल की दीवारें, प्राचीरें, कंगूरे...! ध्वस्त होती इच्छाओं और खील-खील सपनों की किर्चें नील की चेतना में चुभ कर टीसने लगी थीं।

क्या सचमुच उसकी उँगलियाँ केंचुए जैसी...? क्या वह वास्तव में 'ममी' की भाँति नकारा...? मानो कोई तूफान उठने लगा था नील के मस्तिष्क में। उस अन्धड़ में बेतरह टपकते ओलों जैसे थे जेनिस के शब्द...।

''किसी को इसका रत्ती-भर भी यकीन नहीं रहा है नील, कि तुम फिर से एक सामान्य जीवन जी सकोगे।''

''पर डॉक्टर तो कहते हैं कि...'' वह उबल पड़ा था।

''तो और क्या कहें डॉक्टर...? यह कि तुम मर रहे हो? ऐसा नहीं कहा जाता। डॉक्टर तो अन्तिम साँस तक मरीज की हिम्मत ही बँधाता है।...पर मैं खुद को तो धोखा नहीं दे सकती। नील, ...सच तो यही है कि तुम्हें नार्मल होने में चार साल भी लग सकते हैं और चालीस साल भी...। तुम्हारे हारमोन्स...''

''...या शायद पूरी उम्र भी...।'' नील ने हाथों से फिसलती डोर को थामने की चेष्टा की थी।

''हाँ, ...शायद!'' जेनिस की आँखें पत्थर की गोलियों की भाँति सख्त और सर्द थीं।

''पागल हो तुम,'' नील वहशियों की भाँति उन्माद में चीख पड़ा—''पागल हैं सब लोग! मुझे कुछ नहीं हुआ। जेन तुम तो समझ सकती हो मुझे। सिर्फ एक डॉक्टर बन कर मत सोचो जेन।''

''समझती हूँ तुम्हें, तभी तो कह रही हूँ।'' जेन के होठों पर व्यवसाय-सुलभ मुसकान छिटक आयी थी—''तभी तो मुझे सहानुभूति है तुमसे। वैसी ही जैसी कि एक मरीज से होनी चाहिए। प्लीज नील... मुझे गलत मत समझना! मेरे पास जीने को अभी पूरी जिन्दगी बाकी है। काफी कुछ करना-पाना है मुझे जबकि तुम अपने जीवन का सर्वोत्तम पा भी चुके हो।''

''फिर भी जेन...!'' नील ने आखिरी कोशिश की थी—''मैं जैसा भी हूँ, जितना भी बचा हूँ, तुम्हारा हूँ। तुम मंगेतर हो मेरी।''

''थी...सिर्फ मंगेतर ही तो थी।'' झुँझलायी जेनिस अब बर्दाश्त की सरहदों पर खड़ी थी शायद—''तुम एक एस्ट्रोनॉट होकर भी मध्ययुगीन मर्दों जैसी बातें कर रहे हो। हम उस दौर में नहीं जी रहे नील, जब औरतें अपने मृत पतियों की चिता पर सती हो जाया... फिर तुम तो बाकायदा मेरे पति भी नहीं हो। पिछली शताब्दी के मरे मूल्यों के कचरे में आज का भविष्य मत टटोलो नील!''

''जेन...! ओह जेन...!'' वह कराह उठा था।

मॉनिटरों पर मन्थर बहती धारियों में थरथराहट होने लगी थी। नील के भीतर उठते ज्वार को पढ़ रही थीं मशीनें।

''कूल डाउन नील...!'' जेनिस ने सख्ती से कहा था- ''यू आर अ ब्रेवो...! कण्ट्रोल योरसेल्फ...! तुममें सच्चाइयों से जूझने की क्षमता है और सच्चाई यही है नील कि मैं आजीवन तुम्हारी लाचारियों और अपनी मजबूरियों-भरे समझौतों के अण्डे नहीं से सकती! प्लीज ट्राय टू अण्डरस्टैण्ड मी...!''

"आई कैन जेन...!" वह टूटने लगा था—"आई कैन...! परन्तु मुझपर भरोसा तो किया होता। मेरी प्रतीक्षा तो की होती या फिर मुझे बता तो दिया होता। मैं हारा नहीं हूँ, मैं हारूँगा आज भी नहीं। मैं वही हूँ जेन!"

नील के शब्द बेशक उसकी आत्मा की गहराइयों से निकल रहे थे पर वह स्वयं भी महसूस कर रहा था कि उसकी बातों में यकीन कम और उम्मीदें ज्यादा थीं।

"न्नो...न्नो!" वह चीख पड़ी थी—"अब तुम वह नहीं हो! वह नहीं हो तुम...!"

जेनिस जा चुकी थी पर अपने पीछे छोड़ गयी थी एक भयंकर झंझावात जिसमें घुमेरियाँ लेता बवण्डर नील को कभी आकाश तक उछाले दे रहा था और कभी फेंके दे रहा था गहरे पाताल की अँधेरी गर्त में।

क्या गलत थी जेनिस...? नील को यदि बीती सदी की भावुकता, रूढ़िग्रस्त मूल्यों और लादे हुए सम्बन्धों के सदके की जरूरत थी तो जेनिस को भी तो अपने लिए किसी पायेदार सहारे की आवश्यकता थी। इक्कीसवीं सदी के हम्माम में किसके तन पर कपड़े थे? यह मौतों की शताब्दी है। अन्त-काल...! इतिहास, सौन्दर्य-बोध, विश्वास, संवेदनशीलता, कला-बोध, साहित्य, विचार, रिश्ते, मानवता और आम आदमी... सबके ध्वंस का युग। नील की आस्था के परखचे उड़ चुके थे।

अन्तरिक्ष के दबावों को झेल गया था नील क्योंकि तब उसके पास जीने के सहारे थे। उम्मीदें थीं। आस्था थी। माँ थी। जेन थी और विश्वास थे। अब खण्डित विश्वासों के पायों पर कैसे टिक सकता था नील के बेहिस हो चुके जीवन का बोझ...?

सचमुच, अब उसका जीवन आत्मदया, आत्महीनता और आत्मयन्त्रणा की एक घिनौनी यात्रा बन चुका है। हमेशा अगली सुबह न देख पाने का भय! सदैव फिर से सामान्य हो पाने का भ्रम! वितृष्णा और निराशा की अँधेरी तिलस्मी सुरंग की निरुद्देश्य तनावभरी और बोझिल यात्रा बन चुकी है जिन्दगी। अन्तरिक्ष के उस अकेलेपन से कहीं अधिक डरावनी है नियति। किसी 'नोना' (मृत तारा/कृष्ण विवर) जैसा जीवन... जिसमें कोई उम्मीद की किरण न प्रविष्ट हो सकती है, न निःसृत...!

मस्तिष्क में चलती आँधियों के शोर में उभरने लगी थीं वही जानी-पहचानी आवाजें...! पदचाप!...ठक्...ठक्...ठक्...! "तुम एक ममी बन चुके हो नील!" बारिश की बूँदों की रिमझिम... "मैं किसी मुर्दे के नाम पर आजीवन अनब्याही..."

...केंचुए... चिम्पाजी की चीख...।

मॉनिटर पर चमकती धारियाँ सागर की उत्ताल तरंगों की भाँति पागल हो रही थीं।

"बिल्कुल सही निर्णय किया है तुमने जेन...! नील बेहद भावुक हो उठा था, "मरे बच्चे को छाती से चिपकाये फिरनेवाली बँदरिया नहीं हो तुम जेनिस...! मुझे अपने काले कल को तुम्हारे चमकदार आज पर थोपने का क्या हक है? लाइलाज हूँ मैं। मुझे निश्चित रूप से मरना ही है तो थोड़ा और जिया जाने से क्या फर्क पड़ता है?" उसके मस्तिष्क में एक शब्द काँपता हुआ उगा..."स्वेच्छा मृत्यु!"

नील...! वह व्यक्ति जिसके कदमों के निशान पहली बार मंगल ग्रह पर बने थे। उस अछूती जमीन पर... पहली बार! वह एक स्त्री के हृदय पर अपनी कोई स्थायी छाप नहीं छोड़ सका था... या शायद उसके बनाये चिह्नों पर उसके अँधेरे प्रारब्ध की काली धूल फिर चुकी थी। हार चुका था अन्तरिक्ष का वह विजेता! चूने लगी थीं उसकी आँखें। नहीं...! नील के लिए पृथ्वी पर कोई कोना नहीं बचा है। अन्तरिक्ष ही उसके लिए सबसे मुफीद मुकाम है—'हेवन्स गेट' की तरह।[1]

उसने कमरे के हर कोने में नजर फिरायी। मेज पर स्कोपोलामाइन (नींद की दवा) के एम्प्यूल्स देखकर उसकी आँखों में वहशियाना चमक उभर आयी थी। इस दवा की चन्द बूँदें ही उसे गहरी नींद में धकेल देती थीं।

उसने उठने की कोशिश की...! पीड़ा की प्राणलेवा तीखी लहर एड़ियों से उठी और रीढ़ से गुजरती खोपड़ी के भीतर पेवस्त हो गयी। मस्तिष्क में जैसे हजारों मेगाटन का कोई परमाणु बम फूट पड़ा। विस्फोट... खोपड़ी के भीतर उठने लगा धूल-धुएँ का कुकुरमुत्ती गुबार...। फैलने लगा छाते की तरह! घुटन...पीड़ा...मस्तिष्क की नसों-नाड़ियों में हजार-हजार सूइयों की चुभन...! भीतर गूँजने लगने लगीं कई-कई सीटियाँ...! एक साथ अपने उच्चतम पिच (सुर) पर!

पीड़ा के अतिरेक से मस्तक फटने-फटने को होने लगा तो नील ने विक्षिप्तों की भाँति अपनी देह से जुड़ी सारी नलिकाएँ-तार नोंच फेंके। मॉनिटरों की धारियाँ मर गईं। सपाट-सफेद पर्दे झिलमिलाने लगे।

उसने उठकर खडे होने की कोशिश की पर मिट्टी की सीली भीत की भाँति ढहकर भहरा गई देह। भीगे चॉक की छड़ों की भाँति भुरभुरी हो गयी थी हड्डियाँ।

---

1. मार्च 1996 में 'हेवन्स गेट' सम्प्रदाय के 39 संन्यासियों ने स्वर्ग की आशा में विषपान कर लिया था। उनके गुरु 'डू' (मार्शल हर्क एपलव्हाइट) के अनुसार 'हेलबॉप' धूमकेतु के पीछे-पीछे एक यान आ रहा था जो उन्हें आगे वहीं लौटा ले जानेवाला था जिसके सुदूर अन्तरिक्ष से वे इस धरती पर आये थे। 'डू' गलत साबित हुआ था।

फर्श पर ढेर पड़ा नील...! घिसटने की कोशिश करने लगा नील।

मेज बस दो कदम दूर थी। एक कदम तक बाँह फैल सकती थी। अपने शरीर की पूरी शक्ति संचित कर अमीबा की भाँति इंच-इंच सरकते हुए उसने एक डग का फासला तय किया था। साँप की भाँति सिर उठाया था। अपनी तमाम इन्द्रियों की शक्ति हाथों में केन्द्रित कर उसने स्कोपोलामाइन का इंजेक्शन तैयार किया था। कुछ बूँदें नहीं, उस घातक जहर की पूरी शीशी का द्रव...।

महसूस हो रहा था जैसे शरीर की सारी ताकत उँगलियों से होती हुई सिरिंज में भर गयी हो! क्षणिक ज्वार के उतरते ही कुत्ते की भाँति हाँफता नील एक बार फिर फर्श पर निढाल लोट गया था।

धुला-पुँछा फर्श आइने-सा चमक रहा था। चमकते फर्श में प्रतिबिम्बित हो रहा था नील का अपना चेहरा! नीम गंजा सिर, ...बचे-खुचे श्वेत केश, ...चेहरे पर बेशुमार पड़ी सलवटें...! घनी झुर्रियों के मकड़जाल में आँखों के नीचे अल्कोहलिकों जैसी लटकती मांस की सूखी थैलियाँ...! चेहरा... मानो खोपड़ी पर चमड़ी मढ़ दी गयी हो! उसके मुँह से आह निकल पड़ी! सचमुच कितना बदसूरत और डरावना हो चुका था वह....! अन्तरीक्षिय सौर-विकिरणों, अवरक्त-लाल और पराबैंगनी किरणों तथा रेडियोधर्मिता ने उसके शरीर पर कितने-कितने खौफनाक निशान छोड़ दिये थे। कितना उम्रदराज दिखने लगा था वह...! 'ब्यूटी एण्ड द बीस्ट' कथा के राक्षस की तरह ...! अन्तरिक्ष में विचरती कई प्रकार की हत्यारी किरणों ने उसके तमाम सुरक्षा-कवच भेद डाले थे।

नील के शरीर ने एक तेज झुरझुरी ली! उसने अपने जबड़े भींचने की असफल कोशिश की। अपनी शेष बची-खुची पूरी ऊर्जा को समेटा और पूरी ताकत से सिरिंज की सूई अपनी बाँह में भोंक ली।

पीड़ा की तेज-तेज लहरें...! लहरों के बीच सुनाई दे रहा था काउण्ट-डाउन! टेन, नाइन, ...सेवन...सिक्स लहरें एक के बाद एक उठ रही थीं, तेज... और तेज..! उल्टी गिनती अटल सत्य की ओर बढ़ रही थी। परम शून्य की ओर... और फिर शनैः-शनैः शान्त होती तरंगें...! अन्ततः पूर्ण विराम...! वही अन्तरिक्ष का गहन सन्नाटा। एब्सोल्यूट पीस...! पर कितनी सकूनदेह थी यह परम-शान्ति! नीरवता...! निस्तब्धता...!!

नियमित परीक्षण हेतु डाक्टरों-नर्सों की नकाबपोश टुकड़ी नील के कक्ष में दाखिल हुई तो...

ध्वस्त रोबोट की भाँति फर्श पर ढेर पड़ा था नील! बिखरी काया...! शरीर की

समस्त ऊर्जा इस कदर निचुड़ चुकी थी कि अन्तिम क्षणों में पलकें झपकाने-भर की शक्ति शेष नहीं बची थी। नील की बाँह में इंजेक्शन की अभी तक चुभी सूई देख डाक्टर कभी नील के दुःस्साहस पर हतप्रभ हो रहे थे, कभी नील के अन्त पर सन्न...!

ठण्डा हो चुका था नील। विजेता 'अलेक्जेण्डर द ग्रेट' की भाँति उसकी भी याचक हथेलियाँ फैली हुई थीं। निकट ही लुढ़की पड़ी थी 'स्कोपोलामाइन' की खाली शीशी। अन्तरिक्ष के हर दबाव-तनाव को झेलनेवाला शख्स पृथ्वी के तनाव को न झेल सका था। भाग गया था अन्तरिक्ष का वह विजेता, फिर से अन्तरिक्ष की एक असमाप्त मात्रा पर। पृथ्वी से एकदम परे। एक धूमकेतु की भाँति ऐसे परिक्रमा-पथ पर जिसकी कोई वापसी कभी सम्भव नहीं थी।

नील के चेहरे पर सन्तुष्टि थी। गहन शान्ति और परम तृप्ति... परन्तु उसकी फटी-फटी आँखें पथरायी हुई थीं। उन दोनों आँखों में दो परछाइयाँ सुपरइम्पोज हो रही थीं। गड्ड-मड्ड हो रहे थे दो आकृतियों के अक्स।

पहली आकृति दूध में डूबे एक गोल-गुलाबी पिण्ड की थी। धूमकेतु हेली की दुग्धवर्णी दुम की पृष्ठभूमि में लटका... यह मंगल था। ...और दूसरी आकृति थी भूरे और नीली आँखों, बालोंवाली एक ताम्रवर्णी युवती की। यह जेनिस थी। नील की प्रेयसी... जेन!

जीवाश्म

अनवरत घूमता रहता है काल का पहिया। इसके नीचे रोज कुचल जाता है एक दिन... और एक रात! कभी जीवन की ढलान पर बैठा मनुष्य विगत का उत्खनन करने लगता है तो एक-एक कर उखड़ने लगते हैं वे दिन... वे रातें। स्मृतियों के जीवाश्म...! पुराने मरे मुहूर्तों के कंकालों में भी कितना सम्मोहन होता है...।

महक से भर गयी छाती। कितने दिनों बाद...!

डहरूआ और सुनैनवाँ के जन्म के बाद यह महक कभी होली-दशहरे ही मिल पाती थी। आधी नींद के सपने की तरह। कभी हफ्तों... कभी महीनों बाद!

बाल-बच्चों का ब्याह कर आज कितना निश्चिन्त लग रहा है कमली का मन... ? इसी फागुन में सुनैनवाँ का गौना कर ससुराल विदा किया है। आज बेटे की बारात भी लौट आई है। नयी बहुरिया उतरी है घर में!

घर के नाम पर इकलौती कोठरी है—खपड़े की। उसी में वर-वधू का कोहबर है। बेटे की मधुयामिनी... पर कमली को देर रात तक लगता रहा उसके नथुनों में नये कपड़ों की गन्ध बस गयी है।

ओसारे में ही चटाई डालकर पड़ गयी थी कमली। बिरजू को पुरानी टप्परगाड़ी में सोना पड़ा था। कल फूस-बाँस की एक और झोंपड़ी खड़ी कर लेगा बिरजू। बस आज की रात कट जाय! दो घड़ी नींद पड़ जाय, पर कोठरी के भीतर काँच की चूड़ियों की रुनझुन...! कमली बार-बार करवटें फेर रही है।

रात चढ़ने लगी। चइतार पछुवा हवा घूमी तो कनकनी भी बढ़ने लगी। पतली कथरी में लिपटी कमली की पुरानी देह शीत से कठुआने लगी।

माघे जाड़ा, न मेघे जाड़ा...जब-जब बयार, तब-तब जाड़ा...! ऊपर ठण्ड खाती कथरी पाला होने लगी तो नीचे पड़ी कमली के ढीले पड़ते दाँत कनकनी से किटकिटा उठे। कमली चुपचाप ओसारे पर से उठी और धीरे से टप्परगाड़ी में सोये पड़े बिरजू की कथरी में जा समायी।

मरदाइन महक से महमहा उठी छाती! कितने दिनों बाद...!

आज अपनी टुटही बैलगाड़ी बिछौना बनी हुई है। समय की मार से छप्पर के छाजन में जगह-जगह छेद... पर वह भी एक दिन था जब यही गाड़ी नयी-नकोर खड़ी हुई थी।

तब खुली बैलगाड़ी पर टप्पर क्या लगा था, मानो बिरजू तो कमली के लिए पूरनमासी का चाँद ही उतार लाया था धरती पर! आज पचपन पार कर रही है कमली। जीर्ण-शीर्ण हो चुकी है गाड़ी भी पर अपने नयी कनेयाँ कमली की खुशी के लिए... इस टप्परगाड़ी के लिए कौन-कौन जतन नहीं किये थे बिरजू ने।

यही चैत का महीना ही तो था जब...! मानो कोई पुरानी बंसहा (बाँस की) पिटारी से पुराने कपड़ों-से महकते पुराने पल-छिन एक-एक कर बाहर निकालने लगी कमली! निकला बाहर, कमली के गौने-विदाई वाला दिन भी जब पहली बार बालचन की टप्परगाड़ी में बैठी थी कमली। आँखों के सामने चमकती दोपहरी की तरह झिलमिला उठी बरसों पुरानी चैत की वह लहकती दुपहरिया।

गाड़ीवान की जगह बैठा था खुद बिरजू। साथ ही बैठा था बिरजू का साथी बालचन। पीछे थी टप्पर के भीतर नयी दुल्हन कमली। साथ में झाँपी-झोरा, बक्सा-गठरी, मोटरी-मडँनी...!

राह के दोनों तरफ दूर-दूर तक फैले थे फलियों से लदराये चने और सुनहली बालियों से भरे चमकते गेहूँ के खेत। भीगे भरे नयनों से पीछे छूटती नैहर की लीक को ताकती जा रही थी कमली और कई-कई आँखों से नयी बहुरिया को निहार रही थी प्रकृति! अरहर मटर की चिटखती खुली-अधखुली फलियाँ... मानो हरियाली की चूनर में लिपटी धरती की सहस्त्रों अर्धनिमीलित आँखें...!

चढ़ते चैत की भरी दोपहरी थी पर फगुनहट से बौराये सिवान अभी भी खुमारी में थे। पछुवा चैती हवा झोंक रही थी। बुलबुलिया के शिवाले वाले कुएँ में रहट चल रही थी।

"का हो बिरजू भाय, दुल्हा कहीं गाड़ी हाँकता है मरदे आदमी?" बालचन चुस्की ले रहा था, "तुम तनिक पीछे जा के कनेयाँ भौजी से पानी-पत्तर तो पूछो... गाड़ी हाँकने दो हमें।"

लजा गया था बिरजू! इतनी अकबकी नहीं है अपनी बहुरिया का मुँह देखने की। बोला था, "बकलोल जैसा अण्ड-बण्ड क्या बोलते हो जी? गाड़ी हाँकने में कौन हेठी हो जाती है हमारी? गाड़ीवानी करते हैं, दारूबाजी-जुआबाजी तो नहीं करते।"

बैलगाड़ी का पहिया धचके में पड़ा तो भचक गये बैल! छनछना उठी थी कमली की चूड़ियाँ। डपटने लगा था बालचन।

"अनाड़िए रहोगे का? गाड़ी हाँकते जुग बीत गया लेकिन तुम... वाह रे

गाड़ीवान! गाड़ी में नयी दुल्हिन है बाबू मोरे, कोई बाँस-बोरे की लदनी नहीं है जो लीक-बेलीक रपेटते चलो।''

कमली का रोना तो थम गया पर कण्ठ में हिचकी बाकी थी। जलगाँव के गोरेया थान तक सुसुकती ही आयी थी कमली। बिरजू ने रस लिया था।

''ए भाई बालचन, कह दो अपनी भौजाई से, जादा रोना-धोना शरीर के लिए ठीक बात नहीं। नैहर से इतनी ही माया-ममता है तो एक दफे कह दे मुँह खोलकर। गाड़ी घुमाकर ससुराल के दुआर पर न खड़ी कर दें तो... अरे कोई सीताहरण हो रहा है का भाई? बरजोरी भगाकर थोड़े ही ले जा रहे हैं जो इतना रोवा-रोहट...!''

घर पहुँचने तक साँझ हो गयी थी। कोहबर की कोठरी में अपनी दुल्हन का मुँह निहारता रह गया था बिरजू! ऐसी सुन्दर...! तिरिया है कि अकिलगुम का तमाशा...! एकदम पूरनमासी का चन्द्रमा...! छूते दाग पड़े! छूने का साहस जुटाते-जुटाते घर के पिछवाड़े सरकता चाँद छप्पर की पीछे लुढ़क गया था। बाहर सोयी माई जोर-जोर से खाँसने लगी थी।

जीवन की अन्तिम कुंवारी घड़ियों की स्मृति...! कमली का मन सेमल के फाहे की तरह उड़ियाने लगा है।

करवट फेरे लेटी कमली सामने मड़ई में बँधे बैलों को निहारती है। बूढ़े होने पर भी इन्हें बिकने नहीं दिया है। कैसे भूले कमली कि बिरजू के पसीने के साथ इन बैलों की जवानी भी गल-गल कर बही है खेतों में, खाद की तरह...!

हर व्यक्ति के अन्तस में एक कालपात्र छुपा होता है। मधुर-तिक्त स्मृतियों का कालपात्र। कभी एकान्त क्षणों में कालपात्र खुलता है और...

मानो आज पहली बार एकान्त में साथ आ लेटी हो कमली! बिरजू की देह में फुरफुरी हो उठती है।

जब तक माई-बाबू जीते रहे बिरजू की खाट उन्हीं के साथ लगती थी। बुढ़ापे में सेवा-टहल जरूरी है। कभी-कभी बालचन-बो भौजी कृपा कर दूध पीने के बहाने बिरजू को कोठरी में बुला लेती थी और फिर खुद निकल जाती थी अपने घर। नयी कनेयाँ से बिरजू की भेंट अँधेरे में ही होती थी। दिन में तो कभी-कभार बदरकट्टू घाम की तरह कमली की झलक-भर...पर आज इस उमर में माघ की दोपहरी-सी कमली टप्परगाड़ी में? टप्परगाड़ी का शौक-मोह गया नहीं अभी?

मेले वाले दिन पहली बार इतनी उदास दिखी थी कमली, जब बिरजू प्याज के पौधों को पानी देने पिछवाड़े गया था। बालचन-बो भौजी तब सिंगार-पटार कर मेले जाने की तैयारी कर रही थी और कमली मसोस रही थी अपना मन।

''आज जो अपनी भी टप्परगाड़ी होती तो हम भी न देख आते बुलबुलिया

का मेला!''

कमली की आहत आकांक्षा...! बेल के काँटे जैसी गड़ गयी थी बिरजू के हिया में बात... खच्च! कमली का उदास चेहरा देख नीमकाइन हो गया था मन!

बिरजू की बैलगाड़ी खुली थी। सग्गड़ वाली। नयी-नोहर कनेयाँ कमली माथ उघारे बेपर्दा गाड़ी में मेला घूमने कैसे जाती? जगहँसाई होती। पोपले मुँह बुढ़-पुरनियाँ 'फूफ-फूफ' कर हँसते—''कनेयाँ नहीं बिरजू बो,...दनेयाँ है दनेयाँ (दानवी)।''

भीलमा गाँव के सोमारू गाड़ीवान की तरह बिरजू भी जंगल से चोरी का बीड़ी-पत्ता, लकड़ी-कत्था ढोता तो रातोंरात खड़ी कर सकता था अपनी टप्परगाड़ी, पर ना...!

करेजगर बैल थे नटवा और गोला। कौआडोल पहाड़ी की घाटी पार करते समय घुमावदार जलेबिया मोड़ की चढ़ाई चढ़ने में न कभी खुर रपटा था, न कभी बैल थकमकाए थे। मुखिया जी के बेटे की बारात लौटी थी तो दूल्हा-दुल्हिन की मोटर नदी पार करते समय बालू में फँस गयी थी। इसी गोला और नटवा ने गाँव की इज्जत रखी थी। मोटर को खींच कर पार लगाया था। पचास का ललछौंह नोट पकड़ाने लगे थे मुखिया जी। बिरजू ने मना कर दिया था—''ई नोट पाकिट में रखिए मालिक। नयी कनेयाँ उतरी है गाँव में आज। छछात लक्ष्मी की असवारी आयी है। इसके लिए पैसा...? ना-ना...!''

पचास रुपये कुछ होते हैं। चाहता तो उसी रोज टप्पर खरीद सकता था बिरजू, पर नहीं। गाँव की इज्जत-मरजादा की बात थी। दमगर बैल होते हुए भी अपनी गाड़ी पर टप्पर नहीं ओढ़ा पाया था बिरजू!

उस दिन कमली का मन थाहने को बोला था।

''सोमारू से माँग लाते हैं टप्परगाड़ी, तब तक अदहन-पानी कर ले। थोड़ी देर से ही मेले पर पहुँचेंगे...!''

''मेला घूमने से पेट थोड़े भरता है! इस साल रहने ही दो। सोमारू-बो भौजी की तितकी मिरचाई जैसा ओरहन कौन सुने?''

बिरजू का मन नहीं माना। भदई मिसिर से तीन रुपया सैकड़ा सूद पर कर्ज काढ़ कर चैत की दुपहरी में गढ़वा बाजार दौड़ ही गया था बिरजू। साँझ तक जैसे-तैसे गाड़ी पर टप्पर की छाया करके ही दम लिया था।

बड़े लक्षणवत पैर थे कमली के। जो कमली न होती तो न ये बैल रहे होते, न ही यह टप्परगाड़ी।

स्नेह से फूस की मड़ई में बँधे बूढ़े बैलों को निहारता है बिरजू। गोला अभी भी नाँद में मुँह मार रहा है। शुरू से लदभेसर रहा है गोला। कभी पेट ही नहीं

भरता इसका। नटवा हमेशा से सन्तोषी है। बैठा पगुरा रहा है।

गाड़ी पर टप्पर चढ़ा देखकर कमली की आँखें कैसी भगजोगनी की तरह बरने लगी थीं! किस हुलास से भात-रोटी किया था! दीया-बाती का पहर होते-होते माई-बाबू को खिला-पिलाकर मेले के लिए निकल ही पड़े थे मरद-मेहरारू।

नदी किनारेवाली कच्ची राह...! गाँव की देह से चाँदी की करधनी-सी लिपटी थी धनकाई नदी। अगल-बगल तीसी के खेतों में मुँह मारते बैलों के गले में टुनटुना रही थीं पीतल की घण्टियाँ। चैत की चाँदनी में झिलकारी मारती धनकाई और निविड़ निरलोक निस्तब्धता से घनिष्ठ होती घण्टियों की टनर-टुनुर...टनर-टुनुर...!

गाड़ी और बैलों का सिंगार देख विस्मित था बिरजू। टप्पर में लटक गये थे गोटे, फीते और झालर! कमली ने जैसे इस बुझौव्वल का भेद खोला था।

"गाड़ीवान के घर बेटी ब्याही है... जानती है हमारी माई। विदाई के बक्से में माई ने साज कर भेजे थे ये फीते-गोटे-झालर और घण्टियाँ...!"

"वाह जी हमारी अकिलवन्ती सखी की लालबुझक्कड़ माई...!"

हँसने लगी थी कमली। चहुँओर छिंटाई-छितराई चाँदनी और चैती फसल की महक...! फूटती-फैलती वनस्पतियों की गन्ध के संग एकाकार होती कमली की हँसी...! निहाल हो गया था गाड़ीवान! दुआली फटकारी तो दम बाँधकर दौड़ पड़े थे नटवा और गोला।

कमली की पायल-झाँझर की रुनुक-झुनुक.... कानों में अब भी जैसे छलबल-छलबल हिलता है ताजे महुवे का रस...!

बिरजू का मन जैसे आसिन-कार्तिक की उधियाती बदरी का फाहा हो गया था। तालू में जीभ चिपकाकर बैलों को टिटकारते बिरजू ने तान उठायी थी—

"रात अन्हरिया जियरा डोले
दूर अभी सिवान
जरा ललकार के गाड़ी हाँको जी
सईंया गाड़ीवान
जरा ललकार के गड़िया हाँको जी...."

घण्टे भर में मेले की चहल-पहल सुनाई देने लगी थी। आसमानी झूले की चकमकाती बत्तियाँ कमली की आँखों में पड़कर सूरजमुखी का फूल होने लगी थीं।

मेले में कमली ने चंदन काठ का सिन्होरा खरीदा था। सिन्होरे में भरे सिन्दूर में ही आज भी अपनी चाँदी की बिछिया, पायल, कंगन और मँगटीका गाड़ कर रखती है बुढ़िया।

जब तक माई-बाबू सुरगवासी हुए कमली की छातियाँ नोच-चूस कर लहराते

डहरूआ और सुनैनवाँ सयाने होने लगे थे। कटनी–दँवरी–बनिहारी कमाते टटाने लगी थी कमली की देह। रीतने लगा था देह का बसन्त। मेहरिया से ज्यादा महतारी बनकर डोलने लगी थी कमली। देख रहा है बिरजू, मौसम की तरह बदलते जीवन के रंग।

बिरजू को लगता है, आदमी की जिनगी भी एकदम धूपछाँही चीज है। देखते–देखते कैसे बीत जाता है जीवन का फागुन! पलक झपकते ही लोप हो जाता है देहराग। कसक ही रह जाती है कि जी भरकर स्वाद भी न ले सके जिनगानी का।

वह कसमकस देह वाली कमली अब कैसी लदबद आटे का ढीला बोरा हो गयी है। बालों में चिपकी रहती है आटे की खोराँटी। बौराये पके आम की महमहाती देहगन्ध की जगह अब अँचरा में बसती है लहसुन–मसाले की बास। कमली न हुई बुझा हुक्का हो गयी। भूले–भटके गुड़गुड़ाया नहीं तो बिना अंगारेवाली चिलम की तरह पड़ी रहेगी ताख पर।

स्मृतियों की गहन कन्दराओं में प्राचीन भित्तिचित्रों की भाँति सुरक्षित रहता है नयी पत्नी का नेवला रूप! कभी–कभार निविड़ एकान्त में उससे साक्षात्कार करता है आदमी का पुराना होता मन!

ढलती उम्र की तरह ढलती यह चैत की रात! बीते मुहूर्तों की कुछ सुगबुगाती परछाइयाँ... कुछ गुदगुदाती स्मृतियाँ! बिरजू और कमली को बीते दिन फिर–फिर याद आते हैं—किसी उजड़े मेले की तरह।

पछेया हवा कुछ और तेज होने लगी। कुछ और घनी होने लगी रात के तीसरे पहर की ठण्ड! कमली बिरजू की देह से सट गयी तो बिरजू ने भी करवट बदली। एकदम पास से दोनों ने एक–दूसरे की आँखों में झाँका।

"रतजगा करोगे का? अकेले सोने की लत पड़ गयी हो तो हम चले जाते हैं ओसारे पर!"

"न रे! पड़ी रह यहीं। नारी पटौवा–कूपजल और बरगद की छाँह..."

खिलखिलाती है कमली। बिरजू अपने हिस्से की कथरी भी कमली की ओर ठेलने लगा तो कमली ने अपने घुटने मोड़ कर बिरजू के पेट में सटा दिये।

"कै बजा होगा अभी?"

झँझरी टप्पर से आँख सटाये आकाश ताकता है बिरजू। आकाश में छितराये हैं चैती तारकपुँज। रामडण्डी खोज कर समय का अनुमान...

"जादा से जादा तीन...!"

"चइत के भोर में भी अइसा जाड़ा... बाप रे! आज अगर दो कोठरियाँ होतीं तो ऐसे बाहर तो न सोना पड़ता।" छोटे-छोटे घरों के छोटे-छोटे सपने।

"रहने दे। अब हमारी उमर कहाँ रही कोठरी में सोने की।" कहता है बिरजू— "अब तो बाल-बच्चन के हँसने-खेलने के दिन हैं।"

"हँसने की भी कोई उमर होती है?" पूछती है कमली, "कौनो धरम-सास्तर में लिखी है खेलने की उमर?"

बैंगनी उजास में चमकती हैं कमली की आँखें। देह जरूर ढीली हो गयी है पर कमली का मन अभी भी ताजा गोभी का फूल...! बिरजू को लगता है मेहरिया का रूप धरे लदबद लगती कमली फूहड़ भले दिखती हो पर डहरूआ की माई का रूप तो आज भी वही...!

ढलती रात...ढलती उम्र... टप्परगाड़ी का चँदोवा और सरसों-सी फूलती-खिलती अतीत की स्मृतियाँ...

हल की मूठिया पर टिकने वाला बिरजू का खुरदुरा गाँठदार हाथ कमली की देह पर रेंगता है।

"इ कौन बुढ़भस!" थरथराती है कमली की आवाज, नयी कनेयाँ की तरह— "पीठ फेरो और आँख मूँद लो। दो पलक नींद जरूर आ जाएगी।"

"बाल-बच्चन के ब्याह के बाद ही गिरहस्थ का मन पकता है रे। कचरस कनेयाँ का स्वाद खटमिट्ठा होता है—बनबेर जैसा! पुरानी मेहरिया की मिठास तो पुराने सोंठ-गुड़ की भेली।"

बिरजू की बात...! हँस पड़ी कमली! धनिए की महक जैसी कमली की तरल हँसी टप्परगाड़ी के बाहर ढरककर बहने लगी। बिरजू का मन खिले पलाश वन जैसा कुसुमी रंग हो उठता है।

कमली ने टप्परगाड़ी से बाहर झाँका। झिलमिल करते भुरुकवा तारे पर नजर पड़ते ही कमली के गले में खसखसाहट-सी होने लगी।

जब बिरजू-कमली कोठरी की कुचकुच अन्हरिया में चोरों की तरह मरते-जीते थे, भोर होने से पहले माई जोर-जोर से खाँसने-खँखारने लगती थी जबकि न उसे दमा था, न जाड़ा-बुखार! माई के खाँसते ही कमली उसे ठेलने लगती थी—

"चलो, अब निकलो बाहर। माई की घण्टी बज गयी।"

...इसके पहले कि कमली खाँस उठती, बिरजू ने अपनी चकली हथेली कमली के मुँह पर छाप दिया।

"बुढ़िया माई बन रही है?"

"हाँजी! अब भोर जो..."

कमली की बात अधूरी रह गयी। नदी की ओर से बैलगाड़ियों के धुरे

चुरचुराने की आवाजें आने लगीं।

बुलबुलिया चावल मिल में आजकल खूब ठेलमठेली होती है। गाड़ीवान नम्बर लगाने के लिए धान की लदनी लेकर पहर भर रात रहते निकल पड़ते हैं।

कोई गाड़ीवान तालू में जीभ टिकोर-टिकोर कर तबले जैसी ठेक दे रहा है और कोई दूसरा... जैसे कोई बिरही यक्ष लहरा मारते कण्ठ से चैती मौसम का गीत उठाता है—चैता...!

इहे ठइयाँ मोतिया हेराइल हो रामा ऽऽऽ
इहें ठइयाँ...
चइता मासे मोतिया हेराइल हो रामा ऽऽऽ।

बौरा उठी हैं मँजराये आम की डालियाँ। पछुवा हवा में तैर उठी है रसीले महुवे की महक। चैत की भोर मानो कुछ लम्बी हो चली है। ढलती हुई रात में पुरानी टप्परगाड़ी हठात् नयी-नयी हो उठी है।

बालू की ढूह के पीछे से उगता फीके कुंकुम के टीके जैसा वृत्ताकार चन्द्रमा क्रमशः स्वर्णथाल-सा दीप्तिमान होता जा रहा है। कमली की मधुआती आँखों में तम्बई रंग की टिकुली बन जगमग-झिलमिल नाच उठा है चैत का चन्द्रमा।

कन्दील

''गोपी भाई लाश...! वहाँ लाश...!''

बस की रफ्तार तेज थी पर उससे कहीं तीव्र गति से दौड़ रहा था नन्हें की धमनियों-शिराओं में बहता लहू। मोटर का इंजन बेहद शोर कर रहा था पर उससे कहीं ऊँची थी नन्हें की आवाज। लगभग चीख की ऊँचाई तक। कई यात्री सीटों पर उचक कर उसे देखने लगे थे।

''किसी गरीब की होगी'' पीछे के किसी सहयात्री ने अपना मत प्रकट किया, ''पैसों की कमी से लाश जला नहीं पाये तो अभागे को प्रवाहित कर दिया होगा।'

''...या कोई खून-कत्ल का मामला...!'' दूसरी राय

''भाई..., बस रुकवाओ गोपी भाई।'' अब तक उत्तेजना से थरथराती देह। हाँफता नन्हें, गोपी भाई को झिंझोड़ने लगा।

''यह क्या तमाशा है नन्हें...?'' दाँत पीसते गोपी भाई ने नन्हें का कॉलर पकड़ कर बगल की सीट पर खींच गिराया।

''भाई, वह लाश फुदेना फुआ की...'' नन्हें की दबी-सहमी आवाज!

''ओऽऽऽ शटअप...!'' सिगरेट की दुम डब्बे पर ठोंकते गोपी भाई ने उसे घुड़क दिया, ''सिर फिर गया है तेरा।''

''माँ कसम गोपी भाई! वही मोरपंखी किनारी वाली सफेद धोती। वही गोराई... वहीं आँखें...''

''अब चुप भी रह गधे। तमाशा मत बना'' फुँफकार के साथ भलभला कर सिगरेट का धुआँ खिड़की से बाहर उगलते गोपी भाई की आँखें आसमान में टँगे बादलों के थक्के में जम गयी... भावहीन...!

''फुदेना फुआ चली गयी गोपी भाई। वे तो देवता हो गयीं स्वर्ग में। हम अभी भी नर्क... फुआ कसम, वे फुआ ही हैं'' घिघियाते नन्हें ने अन्तिम प्रयास किया। रात को सियार-माँकर लाश की दुर्गत करेंगे...''

''चुप्प...!'' गोपी भाई के जबड़े भिंच गये, ''चुप हो जा हरामजादे, वर्ना

बस से बाहर फिंकवा दूँगा।''

हरामजादे...?? हठात् नन्हें के मुँह पर जैसे कोई जंगी ताला लटक गया। अब कुछ और कहने की गुंजाइश नहीं छोड़ी थी गोपी भाई ने। फुदेना फुआ के मरते ही मानो भाई-भाई का रिश्ता भी मर गया था। अब गोपी भाई बस रामगोपाल बाबू थे और नन्हें...? हरामजादा...!

दाल में नमक की भाँति भोजन में पुदीने के प्रयोग के कारण ही बटुकधारी दादू अपनी बेटी को 'फुदेनवाँ' कहकर बुलाते थे। कालान्तर में कानाबाती ने उन्हें सारे गाँव की 'फुदेना फुआ' बना दिया था। ...फुदेना फुआ क्या मरीं, साथ ही मर गया पुदीने की पत्तियों का सत्त! पुदीने की चटनी, रायते, सलाद और शर्बत का स्वाद भी।

अच्छी सड़क छोड़कर मोटर अब कच्चे रास्ते पर हिचकोले खाती मन्थर-मन्थर बढ़ रही थी। नयी सिगरेट होंठों में दबाये, हथेलियों के प्याले में माचिस जलाये, जलती तीली पर झुके गोपी भाई को ताकता नन्हें सोचने लगा..., 'यह गोपी भाई का ही कलेजा है जो अपनी माँ के दाह-संस्कार से निवृत्त होते ही सिगरेट फूँकते हुए अखबार पढ़ सकते हैं। कितने निश्चिन्त...! जैसे खून का रिश्ता कोई ढोंग है और कर्तव्य, मात्र औपचारिकता। कितने इतमिनान हैं, ...जैसे कोई अप्रिय दैनिक झंझट निपटाया हो।'

नन्हें को लगता है कि किसी के जाने के बाद उसकी यादें तक बोलने-बतियाने लगती हैं। एक क्षण को भाँय-भाँय खालीपन और सूना-सूना सा लगता है पर अगले ही पल उस वीराने में ढेर-ढेर सारी यादों के रेवड़...। नन्हें की आँखें भर-भर आती हैं।

मातृ-पितृ विहीन नन्हें को कितने जतन से सँभाला था फुआ ने? प्लेग की आँधी में उजड़ें टुअर लड़के को कोख जाई सन्तान की भाँति नेह-सनेह देने वाली औरत थीं फुदेना फुआ।

मसोम्मात फुदेना फुआ को ससुराल वालों ने कुलच्छिनी, डायन, भतरखौकी, राँड़... और न जाने क्या-क्या कह कर घर से निकाल दिया था। हाथ भर के गोपी भाई को पिल्ले की भाँति छाती से चिपटाये पितृगृह आ पड़ी थीं फुदेना फुआ।

अपने पिता की विरासत की अकेली वारिस फुदेना फुआ ने कलेजा जरूर काठ कर लिया था पर उनकी नम आँखें कन्दील की भाँति चमकती थीं जिसमें दुःख, पीड़ा और तिरस्कार से छलछलाती बूँदों में धैर्य, निश्चय, साहस और दृढ़ता के दीये जगमगाते थे।

करम की साँढ़ थीं फुदेना फुआ जिसने गोपी भाई जैसा बेटा जन्मा था। गाँव का कोई लड़का अब तक किरानी-चपरासी से आगे नहीं बढ़ सका है। बहुत हुआ तो मास्टर-सिपाही लग लिया। यह अपने गोपी भाई ही हैं जो सिर्फ इंजीनियर ही

नहीं बने बल्कि सात समुन्दर पार विलायत तक हो आये हैं। फुआ ने घर की लुटिया-डोरी तक बेच कर गोपी भाई को लिखाया-पढ़ाया था...या कि बुढ़ापे की लाठी के लिए नीरस-खोखले बाँस का बिरवा परवान चढ़ाया था?

बड़े अरमान से परिछ कर बहू उतारा था फुआ ने। बुढ़ापे का सुख, तेल-पानी और जेवनार का आनन्द लेने के सपने पाले होंगे पर नौकरी-ब्याह होते ही गोपी भाई शहर-ससुराल के होकर रह गये थे। बहू ने तो दोबारा गाँव में पाँव ही नहीं धरा।

होली दशहरे की भाँति साल में दो बार, रब्बी-खरीफ के दिनों में गाँव आते गोपी भाई। बिसाती की पिटारी की भाँति अपने झोले में लिए आते एक डिब्बा ग्लूकोज, दो पॉकेट बिस्कुट, एक हार्लिक्स की शीशी और रक्ताल्पता के टॉनिक 'हैम्फर' की एक बोतल।

अपनी माँ को खूब लड़ियाते। 'माई-माई' रटते हुए, सिनेमाई हीरो की भाँति अपने हाथों से फुआ को टॉनिक पिलाते। अपने सालाना खाने-खर्चे का अनाज बोरियों में भरवाते। अतिरिक्त गल्ला बेच कर पैसे टेंट में धरते और पच्चीसवें घण्टे पुनः परदेशी हो जाते गोपी भाई।

ऐसा नहीं था कि फुदेना फुआ गोपी भाई के इस नाटकीय व्यवहार को बूझती नहीं थीं। जमाना देखी आँखें सब दिखावा भाँप लेती थीं परन्तु काने को अपनी भैंगी आँख ही प्रिय होती है। कृत्रिम स्नेह को भी ईश्वरीय वरदान की भाँति सहेजे फुदेना फुआ अगले छः माह तक गोपी भाई के पुनरागमन की बाट जोहती रहती थीं। आकाशदीप की भाँति आँखें सिवान पर टाँगे। आँखों की कन्दील में प्रतीक्षा के दीये जलाये। जैसे आषाढ़ की प्रतीक्षा में जेठ की झुलसन सहती धरती...

जब तक जांगर चला फुआ ने गाँव से टकसने का नाम नहीं लिया। उनका बाजार-सौदा-हारी-बीमारी सब नन्हें के ही जिम्मे था। उस नारी का मौन संघर्ष, सास का स्वाभिमान, माँ की गरिमा और नन्हें में किसी गोपी की परछाईं की तलाश जैसे एक मरुयात्रा थी जिसका समापन बेहद त्रासद था।

गाँव के झोला छाप डाक्टरों ने जब जवाब दे दिया तो गम्भीर रूप से बीमार फुआ को नन्हें ने विवश होकर गोपी भाई के पास शहर पहुँचा दिया था। हफ्ते-पखवारे फुआ की खोज-खबर लेने गोपी भाई के घर पहुँचता तो देखता,...हबड़-तबड़ अपनी फटफटिया पर दफ्तर भागते गोपी भाई, ...दो कमरों के क्वार्टर में तीन बेटियों के साथ गृह-कार्य में लस्त-पस्त मगहिन भौजी... नौ मन का बस्ता लादे, अँग्रेजी स्कूलों में जाते दोनों बेटे...! किसी को माँ, सास या दादी के लिए फुर्सत नहीं...!

फुआ को कोई महारोग था भी नहीं। रक्ताल्पता रहती थी पर आदमी अगर दो जून का खाना भी भरपेट न खा सके तो खून बनेगा कैसे? फुआ के सारे दाँत

पायरिया से गिर गये थे। समय के दरिद्र गोपी भाई से यह भी न हो सका कि अपनी माँ के नकली दाँत बनवा दें।

अधकुचले-बिन चबाये भोजन के कारण अक्सर फुआ अपच का शिकार हो जाती थीं। तब उनका भोजन घटा दिया जाता था। दस्त लगने पर उपवास...। गोली-दवा का पारण। चार अक्षर अँग्रेजी पढ़े गोपी भाई के बेटे मुँह बिचकाते। दाँत पीसते नकैनी आवाज में फुआ को चिढ़ाते गिटपिट करते।

''सब समझती है बुढ़िया। ...तंनिक एंक रोंटीं औंर दें दों बहुंरांनी... और लेट्रिन के समय भोली बन जाती है। कपड़े-फर्श-बिस्तर कहीं भी... पगली एक नम्बर की खच्चड़ी है।'' गोपी भाई की बी. ए. पास, ...दाँत-बाल और खाल की शौकीन बेटी तो दो गज और आगे थी। नाक सिकोड़ती उस बित्ते भर की छोकरी की जबान भी बित्ते भर की थी। आग उगलती थी।

''मैं ऐसी हालत में होती तो आत्महत्या कर लेती। इस गू-गंजन से तो बढ़िया है कि आदमी जहर खा ले...।''

होठों में खैनी दबाये गोपी भाई निरीह की नाईं अपनी अतिज्ञानी, बुद्धि के अतिसार से पीड़ित बड़बोली सन्तति का मौन समर्थन करते दिखते। बच्चों के व्यंग्य-बाणों के क्रूर प्रहारों से फुआ की अशक्त आत्मा क्षत-विक्षत होती रहती। वयस-रण में आहत वृद्धा जननी को हतवीर्य की भाँति चुपचाप ताकते रहते गोपी भाई। मौनी बाबा बने देखते-सुनते रहते अपने बच्चों का बौद्धिक ताण्डव। बेटे का लूला मौन गहरे तक चीर देता फुदेना फुआ का अन्तस्तल...।

गाँव में तो फुदेना फुआ के पैरों में पहिये जड़े रहते थे। शहर में आते ही फुआ नजरबन्द हो गयी थी। किसी पड़ोसी से कुछ 'बक' न दे खूसट बुढ़िया अतः घर के बाहर टहलने तक की इजाजत नहीं देती थी मगहिन भौजी। घर में पाँच-पाँच किशोर, पर होमवर्क, क्लास वर्क, ट्यूशन, टर्म-एक्जाम्स, यूनिट टेस्ट, प्रतियोगिताओं का हर्डल-रेस (बाधा-दौड़) भागते कान्वेण्टी बच्चों के संस्कार तक कान्वेण्टी...। बूढ़े घोड़ों को गोली मार देने वाली प्रगतिशील मानसिकता! ऐसे तपते एकान्त में मानो आषाढ़ की बूँद-सा कभी-कभार आ टपकता था नन्हें।

गाँव की सूचनाएँ बरसने लगतीं। भीगती रहती फुदेना फुआ। नन्हें से ही कह डालती अपनी सारी व्यथा। गाँव का हाल सुनते ही उनकी आँखों में जगमगा उठता था गाँव...घर...! विदा के समय नसीहतें देतीं।

''पुदीने की क्यारी में पानी जरूर डालते रहना बेटा? अमरूद की झड़ी पत्तियाँ बुहारकर निकालते रहना। पुदीने पीले पड़े, कि सूखे...और सुन बेटा...'

और...और...कितने ही और...! बेटे के घर में मुसीबत की गठरी बनी फुआ की कन्दील-सी जलती आँखों में बेबसी, तकलीफ, अपमान और भय के दीये जलते दिखते तो डरते-सहमते कभी-कभार नन्हें मुँह खोल बैठता था।

''बूढ़े-बुजुर्ग के बारे में क्या-क्या बोलते रहते हैं बच्चे। ऐसी संस्कारहीन बोली बानी...? गोपी भाई तुम रोको-समझाओ उन्हें।''

''क्या करें...?'' कुढ़ते गोपी भाई, ''नहीं सुनते मेरी तो क्या करें? गला दबा दें बच्चों का?''

समझ गया था नन्हें,...गोपी भाई विदेह हो चुके थे। बच्चे मुँह थे, मगहिन भौजी पेट...। बच्चों की जुबान उगते ही कितना निरीह और निर्वीय हो जाता है आदमी? रामचरितमानस में मुँह गाड़े गोपी भाई को धिक्कारने लगता नन्हें का मन... छि:! धिक्कार है तुम्हारे बेटा होने पर गोपी भाई और लानत है तुम्हारे पिता होने पर...!

गाँवों में बूढ़े संयुक्त परिवार का सामूहिक उत्तरदायित्व होते हैं। देहाती बुढ़ापा घने बरगद की घनेरी छाँह होता है जिसके नीचे बचपन परवान चढ़ता है। जवानी लहलहाती है पर शहर के तो चलन ही निराले। शहरी बुढ़ापा मुसीबत होता है। बन्धन... जी का जंजाल...।

नन्हें का जी करता भैरो बाबा के थान पर मन्नत माँगे। फुआ को उनके कष्टों से मुक्ति दे दो प्रभू और गोपी भाई को भी मुक्त करो उनकी इस समस्या से...।

मुक्ति मिल गयी। पर किसे? किसकी चाह अधिक उत्कट थी? शायद दोनों ही मुक्त हो गये। एक देह के पिंजरे की कैद से, दूसरा रक्त-सम्बन्ध के लाचारी भरे बन्धन से। भौतिक संवाद खत्म होते ही सब कुछ खत्म...!

बाद में तो ऐसे भी दिन आये कि नन्हें तक को फुआ से मिलने की इजाजत नहीं थी। गोपी भाई राह-बाजार में मिलते तो प्रसन्न-वदन कहते, ''खूब स्वस्थ है माई। मोटी हो गयी है। चेहरे पर चमक आ गयी है...।'

परन्तु वह चमक बुझते दीये की अन्तिम फदफदाहट थी। कभी नन्हें फुआ से मिलने का आग्रह करता तो बहाने बना दिये जाते, ''अभी-अभी तो दादी सोयी हैं। डाक्टर ने पूरा आराम करने को..।''

झूठे चेहरे, मक्कार होंठ, धोखेबाज आँखें, फरेबी आवाजें...! दुरदुराये कुत्ते की भाँति चुपचाप गोपी भाई की देहरी से लौट आता नन्हें।

परसों ही बच्चों के मुँह से नाटक के रटे संवादों की भाँति फुदेना फुआ की कुशल-क्षेम जान कर गाँव लौटा था नन्हें और कल ही मृत्यु का सन्देशा...। पता नहीं क्या हुआ जो अच्छी-भली फुआ रात को सोयीं तो बस...

नन्हें गोपी भाई के क्वार्टर पर पहुँचा था तो फुआ का पार्थिव शरीर एम्बुलेंस में रखा जा रहा था। पेट फूल कर ढोल हो गया था। नन्हें के मन में एक क्षण को बड़ा कुत्सित विचार चमका... 'कहीं बच्चों ने सचमुच ही फुआ को जहर तो नहीं...!'

एक पल को उसने अपनी 'जसोदा मइया' को जी भर कर निहारा था। निर्जोत

कन्दील-सी अधखुली आँखों में उपेक्षा, तड़प, बेचारगी और भय के बुझे दीयों का जमा धुआँ दिख रहा था। नन्हें चुपचाप शवयात्रा में शामिल हो लिया था।

गाड़ी जब विद्युत शवदाह-गृह के प्रांगण में जा रुकी तो नन्हें ने आपत्ति दर्ज की थी—

''फुआ को गाँव नहीं ले जा सकते गोपी भाई?''

''किसलिए...?'' गोपी भाई का खुरदुरा प्रश्न—''वहाँ जाकर माई जी उठेगी
क्या?''

''नहीं... वो बात नहीं.... पर गोपी भाई, चार अपनों का कन्धा न नसीब हो, चिता-प्रदक्षिणा न हो, मुखाग्नि न मिले, कपाल-क्रिया न हो तो...'

बेवक्त टपकती बूँदों जैसी नन्हें की बातें। झुँझला गये थे गोपी भाई।

''बैकवर्ड के बैकवर्ड ही रहोगे तुम। मनों घी-तेल से नहलाने और चन्दन-चिता सजाने से आत्मा को सीधा स्वर्ग पहुँचते देखा है किसी ने? हो तो मैट्रिक पास पर बातें एकदम जाहिलों जैसी...हिश्ट्...।''

आगे तर्क करने से अब कोई लाभ नहीं था। लाश शवदाह-गृह के भीतर ले जाई जा चुकी थी। वैसे भी फुआ गोपी भाई की माँ थीं और गोपी भाई लम्बे चक्करों में न पड़कर शीघ्रातिशीघ्र मरी माँ से मुक्त होने को उतावले थे।

किसी को शवदाह-गृह के भीतर जाने की इजाजत नहीं थी। वे बाहर प्रतीक्षा करते रहे थे। मात्र चार सौ ग्यारह रुपये में फुआ का कथित दाह-संस्कार सम्पन्न हो गया था।

लगभग एक घण्टे बाद शवदाह-गृह का एक कर्मचारी अस्थि-कलश ले आया था। नन्हें ने लपककर उस पात्र को थामा था। उसे छाती से सटाया था। शायद ताजा-ताजा राख में फुआ की जलती काया की कोई तपिश बाकी हो परन्तु मिट्टी का वह पात्र भी किसी लाश की ही भाँति एकदम ठण्डा था। हठात् नन्हें बोल पड़ा था, ''गोपी भाई, यह फुदेना फुआ का कलसा नहीं है।''

''शटअप...!'' गोपी भाई की आवाज तो अस्थि-कलश से भी ज्यादा सर्द थी।

नन्हें कहना चाहता था कि बिजलीघर वाले लाशों की हेराफेरी भी करते हैं। सुना है ये कफनचोर ताजा मरे मानुष के अंग निकालकर बंगाल के बाजारों में बेच डालते हैं। कहते हैं, कि पुरानी लाश से बदलकर नयी लाश अस्पतालों के नौसिखुए डाक्टरों को चीर-फाड़ सीखने हेतु बेच भी देते हैं। परन्तु...

''गोपी भाई, मेरी बात मानो।'' नन्हें वह न कह सका जो कहना चाहता था, ''तुरन्त जली देह की राख इतनी ठण्डी नहीं... हो सकती।''

''हमेशा मूर्खों जैसी बातें मत किया करो।'' पीछे-पीछे घिसटते से नन्हें पर

चाबुक-सा फटकारा था गोपी भाई ने।

"गोपी भाई, यह राख... तुम्हारी माँ की नहीं...।" नन्हें की आर्त्त फरियाद...

"चुप...! एकदम चुप...! रहोगे हमेशा फूहड़ गँवार ही...। ज्यादा खैरख्वाह बनने की जरूरत नहीं है समझे? सवेरे यह कलश दामोदर (नदी) में प्रवाहित करो और दोपहर की बस से गाँव..."

"भाई... कलसा गंगाजी में डाला जाता तो..." नन्हें टाँग अड़ाने से लाचार-सा था।

"फिर वही दकियानूसी बातें? गंगा भी आखिरकार समुद्र में ही तो गिरती है अकल के कोढ़ी? फिर बे-वजह का खर्च कौन अफोर्ड करेगा? तुम? और तुम्हारे मुताबिक जब यह राख माई की है ही नहीं तो इसे नदी में डालो या नाले में क्या फर्क...??"

खौलता तेल पड़ गया था कानों में। बेबस नन्हें की आँखें छलछला आई थीं। अनिच्छा से ही सही पर गोपी भाई की आज्ञा का पालन तो करना ही था।

हद से ज्यादा लम्बी बीती थी रात और बेहद भारी था कल का दिन।

भौजी और बच्चे भोर वाली बस से ही गाँव निकल गये थे ताकि पण्डित-नाई-महाब्राह्मण आदि को जुटा कर क्रिया-कर्म की आवश्यक व्यवस्था शुरू की जा सके।

ऐन दामोदर नदी के उखड़े पुल पर बस का एक्सल (धुरा) टूट गया था। बस का खलासी और कण्डक्टर नया एक्सल लेने एक लौटती बस से शहर गये थे। चूँकि बस बनने में काफी देरी थी अतः सवारियाँ नीचे उतरकर इधर-उधर फैल गयी थीं।

वृक्षों की फुनगियों पर सितम्बर की दोपहरी चिलचिला रही थी। सुबह-शाम गुदगुदाने वाली धूप अब दाँत काटने लगी थी।

कुछ यात्री पुल के नीचे जा बैठे थे, कुछ सड़क के किनारे सघन वृक्षों की छाया में जा लेटे थे और गोपी भाई नदी किनारे खड़े एक मोटे महुवे की जड़ का तकिया बनाये, अखबार खोले सिगरेट फूँकने लगे थे। सिगरेट खत्म कर वे मुस्कुराये थे।

"कभी-कभी तू एकदम नासमझ बच्चा बन जाता है रे। बेवक्त-बेजगह बेमतलब बोलने लगता है। समय और पैसे बचाने के लिए ही तो बिजली वाली चिता का आविष्कार हुआ है।"

खिन्न मन नन्हें गोपी भाई से सहमत नहीं हो सका। लकड़ियों के साथ चिता पर खत्म होती रहती है मानव-देह, पर शुरू होती हैं उसकी कहानियाँ। तीन-चार घण्टे लोग उसके गुण-अवगुण याद करते हैं। यहाँ तो एक बटन दबाते ही सब कुछ स्वाहा...।

"एक विनती है नन्हें...! बिजली घर वाली बात गाँव में किसी से न कहना," सिगरेट का धुआँ क्रमिक छल्लों के रूप में उगल रहे थे गोपी भाई—"कह देना दामोदर के घाट पर ही दाह-संस्कार... जरा सोच नन्हें, इस विधि से प्रकृति और पर्यावरण का कितना नुकसान होने से बच जाता..."

"...और जो तुम रोज पाँच-सात पाकिट सिगरेट फूँक देते हो उससे तो किसी को कोई नुकसान नहीं पहुँचता न... ?"

चौंके गोपी भाई। घूरने लगे नन्हें को। सिगरेट के कड़वे धुएँ में लिपटी कोई कसैली बात कहने को कड़वा-सा मुँह बनाया था पर नन्हें की आँखों में झिलमिलाते तारे देख जब्त कर लिया था। नन्हें की खरोंचों पर फाहा रखने लगे थे।

"माई चली गई नन्हें पर एक अच्छी यादगार छोड़ गयी है मेरे लिए। देखो...सूँघों न.. इस तौलिए से अभी भी माई की खुशबू आ रही है।"

नाटकीय संवाद...! छद्म-प्रेम...! भिन्ना गया नन्हें का मन। जिन्दगी में जिस माई की देह बसाती थी, जिसे भाई का परिवार छुतहा रोगी समझता था, जिसके बैठने-लेटने के स्थान नियत थे, अनियत तकिये पर सिर रख दे फुआ तो तकिया तक डेटॉल से धोया जाता था उसी के मरने के बाद उसकी देह-गन्ध...! वाह रे गोपी भाई, धन्य हो तुम! तुम जैसा नौटंकीबाज बेटा ईश्वर किसी माँ को न दे।

गोपी भाई कह रहे थे, "अपने जीवन में ही महाएंकादशी व्रत कर गयी है माई, इसलिए क्रिया-कर्म में ज्यादा प्रपंच नहीं है। दशगात्र, ब्राह्मण-भोज आदि का पचड़ा भी नहीं। बस पाँच ब्राह्मणों को भोजन कराकर तिलांजलि दे देनी है। दान-गोदान वगैरह तो बस ढकोसले हैं। दान को मृतात्मा तक पहुँचते किसने देखा है? ... तू ही बता नन्हें, आत्मा को संसारी चीजों की क्या जरूरत है? पार्थिव सुखों का कौन-सा मोह?"

नन्हें का मन वितृष्णा से भर गया। जीते जी तो फुआ को कोई सुख दे नहीं सके थे गोपी भाई। शायद भरपेट अन्न भी नहीं... पर मरणोपरान्त मृतात्मा के मोक्ष का भी कोई उपाय नहीं? आह-सी भरी नन्हें ने। ...यह कैसा श्रवण कुमार जन्मा था तुमने फुदेना फुआ?

अन्ध-विश्वासों, दकियानूसी रिवाजों और कर्मकाण्डी आडम्बरों के विरुद्ध खड़े दिखते तो, नन्हें के लिए श्रद्धेय होते गोपी भाई परन्तु सन्त महापुरुषों जैसी वाणी के पीछे छुपी उनकी कृपणता और मक्कारी भरे पैंतरे भाँप रहा था नन्हें।

पढ़ाई-लिखाई से संस्कार सँवरते हैं पर गोपी भाई तो लोकाचार तक भूल चुके थे। तमाम रिश्तों की ऊष्मा विलायत यात्रा के समय समुन्दर में डुबो चुके थे।

नन्हें ने ठान लिया, गाँव पहुँचते ही पंचों से सलाह करना होगा। यदि ढंग से क्रिया-कर्म करना हो तो गाँव में ठहरें वर्ना लौटती बस से शहर निकल जाएँ गोपी

भाई। वहीं करें अपनी मनमानी। कोई नहीं जाएगा शहर में टाँग अड़ाने।

फिर कोई संवाद न हो सका। दोनों के बीच का मौन सूरज ढलने तक, दो डिब्बी सिगरेटें फूँकने तक, मोटर बनने तक और गोपी भाई के द्वारा अखबार को मय इश्तहारों के चाट जाने तक बना रहा।

यात्रियों को बस में सवार होने की सूचना देने हेतु जब बस का हार्न जोर-जोर से बजने लगा तो नन्हे को लघुशंका महसूस होने लगी।

गोपी भाई मोटर की ओर बढ़ गए पर लंगोट-धोती वालों के लिए खुले में निवृत्त होना भी एक फजीहत ही होती है सो नन्हें हाजत रफा करने दामोदर नदी के चट्टानी किनारों की ओर बढ़ गया।

नन्हें का सर्वांग सिहर उठा था।

उस चट्टान के पीछे पहुँचते ही नन्हें को मानों साँप सूघ गया था। चट्टानों में एक मुर्दा नारी देह फँसी हुई थी। बहते पानी में ऊभ-चूभ होता शव, फटे पेट के खोखल से बाहर निकली अन्तड़ियाँ... बहते पानी में साँपों के लहराते गुच्छे सी...! फूले शव के बिभत्स रूप ने नन्हें के छक्के छुड़ा दिये थे। चेहरा पहचानने योग्य नहीं रह गया था फिर भी आँखें जानी-पहचानी-सी...।

जड़वत् नन्हें कुछ पल तक उस शव की कन्दील-सी आँखों में ताकता रहा था। धोती में ही धार फूट पड़ी थी फिर वह पलटा था और चीखता हुआ तूफान-सा बस की ओर भागा था।

धीमे-धीमे रेंगती बस उसके अन्तिम सवारी के रूप में सवार होते ही भाग छूटी थी। नन्हें गोपी भाई के पास पहुँचकर उन्हें झिंझोड़ने लगा था।

"गोपी भाई... भाई... वहाँ... लाश...!"

पर गोपी भाई तो हत्थे से ही उखड़ गये थे। बेचैनी, उत्तेजना, आतंक और पीड़ा के ज्वार के बाद अब काठ मारने-सा भाटा नन्हें को अपनी गिरफ्त में लिये था। लकवाग्रस्त व्यक्ति की भाँति सुन्न मस्तिष्क और बेजान देह लिये नन्हें पूरी यात्रा झेलता रहा।

नन्हें को रत्ती-भर भी सन्देह नहीं था कि वह मुर्दा देह फुदेना फुआ की ही थी परन्तु गोपी भाई एक लाश को दोबारा तिलांजलि देने... बल्कि उस पर नजर डालने को भी उत्सुक नहीं थे। पता नहीं पूर्वजन्म में कौन-सा कसूर किया था फुआ ने जो यह गति... पर गोपी भाई जैसा राकस बेटा जन्म देना ही कोई कम बड़ा पाप था? शायद कुपुत्र जनने की सजा ही भुगती थी फुआ ने।

गाँव पहुँचने तक रात हो आई। आगे-आगे सिर पर गोपी भाई का सामान सिर पर उठाये नन्हें और पीछे-पीछे गोपी भाई...।

वे आँगन में प्रविष्ट हुए। गैस-बत्ती की रौशनी से सारा घर जगमगा रहा था। उत्सव जैसे माहौल में मातमपुर्सी करने आये लोग, हँसते-ठठाते लड्डू-दालमोठ-

चाय का जलपान भकोस रहे थे। बच्चे आँगन में 'छूती-ती-ती-ता' खेल रहे थे।

झुटपुटे अँधेरे में शीत की खुन्नस घुलने लगी थी।

सामान ओसारे पर रख नन्हें चलने को हुआ तो मुसकाते गोपी भाई ने कुछ नोट उसके कुर्ते की जेब में खोंस दिये। यह सामान ढोने की मजदूरी थी या सहयोग करने का इनाम...? नन्हें का मन घृणा से भर गया।...

ठण्ड से कुड़कुड़ाते नन्हें ने जेब में हाथ डाला तो कड़कड़ाते नोट...। नये-नकोर नोटों के नुकीले कोने... या टूटते सम्बन्धों की किरचें...।

जेब की तली में पड़े अन्न के चन्द दाने भी...। सुबह अस्थि-कलश-प्रवाह के समय तिलांजलि दी थी। दक्षिणा हेतु जेब से पैसे निकालते समय भीगी हथेली से सटे-उठे कुछ तिल के दाने जेब में झड़ गये थे शायद।

नन्हें ने नोटों को मुट्ठी में भींच लिया। जितने तिल चुटकी की पकड़ में आ सके समेटा और गोपी भाई के सामने से हट गया।

बड़े राग से दृष्टि कोने की ओर डाली। पुदीने की कचकच हरियायी क्यारी लहरा रही थी। कुल्ले-पानी के जल से नहायी पुदीने की पत्तियाँ चमचम कर रही थीं। ऊधम मचाते बच्चों के पाँव तले कुचली पत्तियों की भीनी महक कोने की हवा में तैर रही थी।

यादें भी बड़ी विचित्र होती हैं। कभी-कभी तो आदमी वही भूल जाता है जिसे जरूर-जरूर याद रखना चाहिए और कभी वह सब याद आने लगता है जिसे भूल जाना ही अच्छा। नन्हें को याद आने लगी दामोदर नदी की वह साँझ...। मन्थर-मन्थर बहता जल...। बहती धार में धीमे-धीमे डोलती-डूबती-उतराती फुदेना फुआ? उनकी वे फटी-उबली आँखें... वे बुझे-बुझे कन्दील...।

नन्हें ने गहरी साँस ली। आँगन में उतर आयी पुदीने की महक को अन्तिम बार अपने रक्त में घोलते-बसाते एक आत्मिक सुख-सा महसूस किया पर रुग्ण, स्वकेन्द्रित और अमानवीय होते जाते समय में मानवीय रिश्तों जैसे चिकने, चमकदार और हरियल पत्तों के लिए बचा ही क्या था?

उसने जेब से बन्द मुट्ठी बाहर निकाली, मुट्ठी का सर्वस्व पुदीने की क्यारी में झोंका और आँखें मलता लम्बे-लम्बे कदमों से ड्योढ़ी पार करने लगा। बाहर..., सितम्बर की ठण्डी हवा में ओस की नमी उतर आयी थी!

साँझ हुई घर आये

बस जंगलों-घाटियों से गुजर रही थी। दूर स्थित पहाड़ चाँदनी रात में अचल परछाइयों की भाँति दिख रहे थे। राजमार्ग पर कहीं सड़क थी, कहीं नहीं थी। और जहाँ थी भी वहाँ कदम-कदम पर गड्ढों की शक्ल में मानो मौत मुँह बाये खड़ी थी।

जब तक बस के भीतर की धुँधली बत्तियाँ जलती रही थीं, पीटर को महसूस होता रहा था मानो हर आँख उन्हें ही घूर रही हो। मुबारक अली तो साथ बैठे सहयात्री से घुल-मिलकर बातें करता रहा था, क्षेत्र की जानकारियाँ लेता रहा था परन्तु पीटर बस में अँधेरा होने तक सिर छाती पर लटकाये ऊँघने का नाटक करता रहा था।

अत्यन्त भयभीत पीटर को यह खौफ घुन की भाँति कुतरे जा रहा था कि सुबह होते ही डकैती और हत्या की बात खुल जाएगी। पुलिस सक्रिय हो उठेगी।

पीटर डिसूजा के सिर पर न तो किसी बड़े माफिया-डॉन की छतरी थी और न ही किसी मन्त्री-नेता की छत्रछाया। अतः फौरन शहर से, बल्कि प्रदेश से ही दूर...बहुत दूर निकल जाने में ही गनीमत थी।

वे अन्तर्राज्यीय रात्रि-सेवा की एक बस में सवार थे, जो देश के सीमान्त तक जाती थी। उनकी मंजिल भारत की सीमा के पार वहाँ थी, जहाँ भाड़े के सैनिकों की भर्ती होती थी।

गहन अरण्य में स्थित शिविरों में किराये के सैनिक तैयार किये जाते थे। उन्हें बम बनाने, विस्फोटक जमीनी सुरंगें बिछाने, विमानभेजी रॉकेट दागने और मोर्टार जैसे अत्याधुनिक शस्त्रास्त्र चलाने के प्रशिक्षण दिये जाते थे।

समय-समय पर ऐसे सैनिकों की प्रशिक्षित टुकड़ियों को चोरी-छिपे वापस भारत में प्रविष्ट करा दिया जाता था, जहाँ उन्हें सामूहिक हत्याएँ, विस्फोट या अलगाववादी गतिविधियों जैसे खूँरेजी अभियान अंजाम देने होते थे।

भाड़े के सैनिकों की भर्ती करानेवाले एक भारतीय एजेण्ट मुस्तफा कमाल पाशा से मुबारक अली की रिश्तेदारी थी। पाशा ने शिविर के कैम्प कमाण्डर से

मुबारक अली की भर्ती के लिए पूर्वानुमति ले रखी थी।

पाशा ने पीटर के गुरु मुबारक अली को लाख टके की सलाह दी थी।

"बड़े हाथ मारने का दम-खम अब तुझमें रहा नहीं और छोटी-मोटी-चकारी से तेरा बुढ़ापा पार नहीं लगनेवाला। मेरी मान मामू, हमारी फौज में भर्ती हो जा।"

पाशा ने वायदा किया था कि उम्र का लिहाज करते हुए वह मुबारक अली को कोई आसान काम दिलवा देगा। सफाई, चौकीदारी, डेटोनेटर तैयार करने या बमों में पिन-पलीते लगाने जैसा कोई अपेक्षाकृत कम खतरनाक काम...।

"कोई फर्क नहीं फौज की नौकरी और हमारी नौकरी में। बस नजर-नजर का फेर है मामू!" पाशा ने समझाया था—" दोनों ही धन्धों में खून-खच्चर ही तो करना होता है। हमारे जिस पैसे को लोग भाड़ा या किराया कहते हैं, फौज में वही रकम तनख्वाह कही जाती है।"

शहर छोड़ने से पहले मुबारक अली ने अपने चेले पीटर की खातिर एक आखिरी दाँव की योजना बनायी थी। उन्होंने नगर के बाहरी क्षेत्र में स्थित एक छोटी निजी फाइनान्स एण्ड इन्वेस्टमेण्ट कम्पनी के दफ्तर में सेंध लगायी थी। तिजोरी और कैशबाक्स से जो रकम बरामद हुई थी, वह लूट की दौलत अब मुबारक अली के कन्धे से लटकते चमड़े के थैले में थी।

वे चोरी का धन समेटकर कूच करने ही वाले थे कि रात्रि गश्त का एक कान्स्टेबल डण्डा फटकारता उधर आ निकला था। सेंधमारी के बाद टूटे शटर के नीचे से रेंगकर पहले बाहर निकलते मुबारक अली को देख कान्स्टेबल की आँखें फट पड़ी थीं।

अपने धन्धों का शातिर खिलाड़ी मुबारक अली ऐसे आकस्मिक खतरों से निबटने के लिए अपने पास देशी तमंचा भी रखा करता था। जब तक वह कान्स्टेबल कुछ कह-सुन पाता, बौखलाये मुबारक अली ने उसकी उत्कण्ठा से फटी आँखों के बीच गोली दाग दी थी!

चोरी-चकारी, राहजनी और माल उड़ानेवाले पीटर के होश फाख्ता हो गये थे। मुबारक अली के इस नये जमूरे पर अभी भी कान्स्टेबल की उस 'तीसरी आँख' का हौलनाक मंजर और तरबूज की भाँति खील-खील हुई उसकी खोपड़ी का आतंक हावी था।

वे निर्विघ्न शहर से बाहर निकल तो आये थे परन्तु गन्तव्य अभी दूर था और बीच रास्ते में बस का अगला बायाँ पहिया बर्स्ट हो गया था। बस रुक गयी थी।

बस का चालक और परिचालक पहिये को बदलने में जुट गये थे। जंगली जानवरों और मार्ग लुटेरों से डरे-सहमे यात्री विवशतावश बस से नीचे उतरकर

लघुशंका-सिगरेट आदि की तलब मिटा रहे थे। मुबारक अली और पीटर भी खाली सड़क पर निरुद्देश्य टहल रहे थे।

''बड़े मियाँ!'' पीटर ने पूछा, ''पुलिस को हमारी सूँघ तो नहीं लगेगी न?''

''अल्लाह बड़ा कारसाज है,'' मुबारक अली अपनी गंजी खोपड़ी पर हाथ फिराता आसमान की ओर ताकने लगा। कुछ इस प्रकार कि मानो अभी कोई चेहरा आकाश से उगनेवाला था और वही पीटर के प्रश्न और उनकी दुश्वारियों का हल सुझाने वाला था।

''मोबाइल पुलिस की नजर भी पड़ सकती है,'' पीटर ने आशंका व्यक्त की— ''सिपाही की लाश है बड़े मियाँ! अब तक तमाम चेकनाके सील न हो चुके हों। मेरी मानो तो इस बस को छोड़ो यहीं। हम पाँव-पैदल भी तो बार्डर क्रॉस कर सकते हैं।''

मुबारक अली की गुजरी जिन्दगी गुनाहों से भरी थी। कई बार की जेल यात्राओं ने उसके तमाम कस-बल तोड़ डाले थे। अब ढलती उम्र में फिर जेल भोगने की हिम्मत उसमें भी नहीं थी। इस बार गिरफ्तारी का मतलब था, मुबारक अली की कब्र जेल में ही खुदनी थी।

''तेरी बात में दम है बरखुदार!'' उसने अपनी गंजी खोपड़ी सहलाई— ''कुछ दिनों तक इधर जंगलों में ही गर्क रहें तो क्या हर्ज है?''

पीटर तो इस प्रस्ताव पर सहमति की मुहर लगाने को व्यग्र था ही।

वे बस के पिछवाड़े की ओर निकल आये। फिर बस से दूर खिसकने लगे। किसी ने उनकी ओर ध्यान नहीं दिया। किसी ने उन्हें रोका-टोका नहीं न ही किसी ने उन्हें पुकारा।

कुछ कदम और चलने के बाद वे एक मोड़ मुड़ चुके थे और अब बस उन्हें दिखाई नहीं दे रही थी।

रात गये सड़क पर इस प्रकार विचरना खतरनाक था। किसी बस-ट्रक का चालक तेज प्रकाश में उन अस्वाभाविक निशाचरों का हुलिया याद रख लेता और आगे किसी चेकनाके पर पूछताछ के दौरान उनकी पहचान कर देता तो... ? लिहाजा वे राजमार्ग छोड़ कर नीचे उतर गये।

वे भूतों की भाँति निःशब्द चलते रहे। गन्तव्यहीन...! चाँद डूब चुका था पर उनके पास टॉर्च थी। आगे बढ़ते हुए, पहाड़ की तलहटी में घण्टे-भर तक चलने के बाद कहीं दूर...कुत्तों के भौंकने की आवाजें सुनाई पड़ीं।

''जरूर आस-पास कोई बस्ती है।'' पीटर आशान्वित हो उठा।

आवाजों का पीछा करते वे मिट्टी की दीवारों और खपरैल की छप्परोंवाली एक सोयी बस्ती तक पहुँच तो गये, परन्तु बस्ती के कटखने कुत्तों ने उन्हें देखते

ही आसमान सिर पर उठा लिया। हिंसक गुर्राहटों और पैने दाँतों ने उन्हें बस्ती के निकट भी नहीं फटकने दिया।

बस्ती का अर्धवृत्ताकार घेरा काटते वे आगे बढ़ते गये। कुछ दूर तक उनका पीछा करने के बाद शोर मचाते कुत्ते ज्योंही शान्त होकर वापस लौटे...रात के सन्नाटे में रोने की आवाज...!

वे चौंके। नारी-कण्ठ का विलाप अत्यन्त मार्मिक था। उनकी दो जोड़ी आँखों ने आनन-फानन हर दिशा खँगाल डाली। हृदयविदारक रुदन का उद्‌गम अधिक दूर नहीं था। कुछ ही आगे आदमकद झाड़ियों-झुरमुटों के पीछे था वह बौना-सा घर जिसकी अनगढ़ खिड़की से मद्धिम प्रकाश कन्दील की भाँति फूट रहा था।

लुटेरों ने चैन की साँस ली। शायद उन्हें ठिकाने के लिए उपयुक्त स्थान मिल गया था। गाँव-बस्ती से अलग हटकर। निर्जन एकान्त में...।

"अल्लाह बड़ा कारसाज है!" मुबारक अली ने अपनी सफाचट खोपड़ी पर चैन-भरी हथेली फिरायी।

पुटुस और बेहया की झाड़ियों को पारकर वे उस घर के निकट तक पहुँचे। पीटर ने टॉर्च की रोशनी में मुआयना किया। वह सफेद मिट्टी से लिपा-पुता मिट्टी का घर निकला जिसके दरवाजे के आजू-बाजू गेरूए रंग से लता-वल्लरियाँ और त्रिकोण-चौकोर ज्यामितिक रेखाएँ उकेरी हुई थीं।

पीटर ने सावधानीपूर्वक घर की इकलौती खिड़की से भीतर झाँका।

एक स्त्री दीवार से पीठ लगाये जमीन पर बिखरी पड़ी जार-जार रो रही थी। सहमे-रुआँसे दो बच्चे एक कोने में बुत बने खड़े थे। एक तीसरा अबोध बच्चा स्त्री की गोद में चिपका स्त्री के स्तन चूस रहा था और बिलख-बिलखकर रोती उस स्त्री को बिटर-बिटर ताके जा रहा था।

पीटर ने सिर वापस खींचा तो मुबारक अली ने दरवाजे पर दस्तक दी। स्त्री की रुलाई फौरन बन्द हो गयी। मुबारक अली ने दोबारा दस्तक दी।

"के है?" भीतर से नारी-कण्ठ की लरजती आवाज...।

"राहगीर हैं हम। अँधेरे में भटक गये हैं। मदद चाहिए।" पीटर ने ऊँचे स्वर में कहा।

क्षणिक शान्ति के बाद भीतर कुछ खुसर-फुसर होने लगी। कुछ खींचा गया। कुछ घसीटा गया। लगभग पाँच मिनट...और फिर लकड़ी की पुरानी चूलों के घिसटने-चरमराने की कर्कश आवाजों के साथ घर का मुख्य द्वार खुल गया।

आँचल से मुँह ढँके, सफेद कपड़ों में लिपटी वही स्त्री हाथ में ढिबरी लिये सामने खड़ी थी जिसे पीटर ने अभी-अभी फूट-फूटकर रोते देखा था। दो बच्चे मेमनों की भाँति उसके पीछे खड़े थे। पीटर ने तत्काल हाथ जोड़े।

"अँधेरी रात है। जंगल का मामला है। रात-भर सिर छुपाने की जगह मिल जाए तो मेहरबानी होगी। हमें कुछ नहीं चाहिए। भोर होते ही हम चले जाएँगे।"

उस स्त्री ने रात के राहियों को ध्यान से देखा। थोड़ी देर तक ठिठककर आगा-पीछा सोचा फिर आगन्तुकों से सम्बोधित हुई।

"भीतर आ जा...।"

वह पीछे मुड़ गयी। मुबारक अली और पीटर सिर झुकाये हुए नीचे चौखटवाले दरवाजे के भीतर प्रविष्ट हो गये।

भीतर, सिर से लगभग सटते फूस की छतवाले बरामदे से घिरा छोटा-सा आँगन था। आमने-सामने आँगन के दो सिरे पर दो कोठरियाँ थीं। ढिबरी की काँपती रोशनी में घर की दीवारों पर हथेलियों के गहरे सफेद छापे दमक रहे थे। फूल-पत्तियों की चित्रकारी...मोर, तोते, हाथी, हिरण आदि के आड़े-टेढ़े रंगीन चित्र किसी प्रागैतिहासिक गुफा चित्रों जैसे लग रहे थे।

गृहिणी निश्चय ही सुरुचिसम्पन्न महिला थी, पीटर ने सोचा—परन्तु वह फूट-फूटकर रो क्यों रही थी और उनकी उपस्थिति का आभास पाते ही सब कुछ सामान्य कैसे... ?

"बंसी रे...!" स्त्री ने पुकारा। उत्तर में पाँच-सात साल का बंसी कमरे से बाहर आया—"बाबू लोगन के कोठरिया देखा दे।"

लड़का बंसी उन्हें उसी कोठरी में ले आया जिस कमरे में वह खिड़की थी जिससे मद्धिम प्रकाश कन्दील की भाँति घर से बाहर फूट रहा था। प्रकाश का स्रोत थी एक तेल की ढिबरी, जो दीवार में बने एक सँकरे ताखे में रखी जल रही थी।

उस कोठरी की उस खिड़की के ठीक नीचे, दीवार से सटा एक तख्त लगा था। मिट्टी के फर्श में बाँस के पाये गाड़कर बाँस की ही फट्टियों का अनगढ़ दीवान-सा...! लगभग दो फीट ऊँचे उस तख्त पर बिछी टाट जमीन को छूती हुई झालर की भाँति झूल रही थी। टाट के ऊपर, तख्त पर खूब सारा पुआल बिछा था।

पीटर ने बंसी का माथा सहलाया। उसके जट्ट होते बालों में उँगलियों की कंघी फेरते हुए पूछा, "घर में कोई आदमी नहीं है क्या?"

"है न। हमारा आबा है। अभी भेंड़ी चराने दूर देश गया है।"

आबा याने पिता...! बंसी ने बताया कि सफेद वस्त्रोंवाली वह स्त्री उसकी माँ है। उसकी छोटी बहन का नाम झारो है और सबसे छोटे भाई का नाम भुलेठन है।

पीटर के आत्मीय स्पर्श और स्नेहिल व्यवहार ने बंसी को पूरी तरह खोल दिया। जल्द ही बंसी ने सब कुछ बता डाला कि वे गड़रिये हैं। जंगल की अन्धाधुन्ध कटाई के कारण जब क्वार-कार्तिक में पशुओं के लिए चारे की कमी

पड़ने लगती है तब भेड़ें मूँड़ने के बाद गड़रिये अपनी रेवड़ हाँकते घने जंगल में उतर जाते हैं। बंसी का पिता भी अपनी रेवड़ के साथ गहरे जंगल में उतर चुका था और अब चार महीने जंगल में बिताकर अगले चैत महीने में वापस लौटनेवाला था।

पीटर को भेड़ों, गड़रियों या रेवड़ में कोई रुचि नहीं थी। फिर भी उसने थकी-थकी मुसकान के साथ बंसी की पूरी बात झेल ली।

पीटर और मुबारक अली के विश्राम की व्यवस्था कर बंसी दूसरी कोठी में अपनी माँ के पास चला गया परन्तु मुबारक अली के लिए अनायास ही एक लाभप्रद जानकारी छोड़ गया। अब मुबारक अली भेड़पालकों की भाँति पाँव-पैदल सीमा पार करने के बारे में सोचने लगा। और नींद के हवाले होता पीटर बंसी की माँ के कारुणिक रुदन और फिर उसके विचित्र संयत व्यवहार की समीक्षा करता रहा।

क्लान्त पीटर जल्द ही सो गया परन्तु मुबारक अली की आँखों में नींद नहीं थी। वह व्यग्रतापूर्वक सुबह की प्रतीक्षा करता रहा, पर सुबह आयी भी तो क्या झूमकर आयी! मुबारक अली के भोर होते ही निकल पड़ने के मंसूबे पर बारिश उँड़ेलती आयी।

रात के किसी समय जब पीटर की नींद उचट गयी तो कमरे में घुप्प अँधेरा था और घर के बाहर मानो कोहराम मच रहा था। तेजी आँधी उठी थी। बादलों का भयानक गर्जन-तर्जन था और मूसलाधार बारिश हो रही थी। तूफान के शोर में डूब-उतरा रही थी कभी बंसी की ऊँची पुकार...कभी स्त्री कण्ठ की चीत्कार...!

स्त्री की परेशान और भयाक्रान्त आवाजों से चिन्तित हो उठे पीटर ने बगल में लेटे मुबारक अली को झिंझोड़ा था।

"बड़े मियाँ...उठो। लगता है वे किसी मुसीबत में हैं। शायद हम उनकी कोई मदद कर सकें।"

"हकीम लुकमान के पास भी नहीं था इसका इलाज। फिक्र बहुत बड़ी बीमारी है," अँधेरे में तैरती मुबारक अली की आवाज सर्द हो उठी थी—"लेट जाओ। हीरो बनने की कोई जरूरत नहीं। वह औरत हमारी कुछ नहीं लगती। हम यहाँ एक रात के मेहमान हैं...बस।"

"बाहर तूफान आया है। छोटे-छोटे बच्चे हैं घर में। वह औरत चीख रही है"—पीटर ने टॉर्च जलाई थी—"और हम दो मर्द यहाँ चैन से लेटे रहें?"

"अल्लाह बड़ा कारसाज है, बावजूद इसके वह गंजे को नाखून नहीं देता बरखुरदार...वर्ना बेचारा गंजा खुजाते-खुजाते जाने अपनी खोपड़ी पर कितने जख्म बना लेता।" मुबारक अली ने लम्बी जम्हाई ली थी।

पीटर की उँगलियाँ उसके गले में लटके क्रॉस से खेलने लगी थीं। मार्गदर्शक

और गड़रिये के आदिम प्रतीक-पुरुष की अनेकानेक छवियाँ उसके मस्तिष्क में डूबने-उतराने लगी थीं। पीटर की आतुर अन्तरात्मा से स्फुट बोल फूटे थे—"बड़े मियाँ...इन्सानियत का तकाजा...।"

"बको मत!" मुबारक अली फुफकारा था। ठीक उसी क्षण नारी-कण्ठ की करुण गुहार...

"कोई बचइहा रे बप्पा...ऽऽऽ"

"ओह जीसस...!" पीटर अब और जब्त न कर सका था। टॉर्च लिये वह कमरे से बाहर निकल ही पड़ा था।

बाहर तूफान जोर पर था। अन्धड़ के साथ ओले भी गिरने लगे थे। तूफानी हवा में शरीर का सन्तुलन साधे रखना भी कठिन लग रहा था।

टॉर्च की अपर्याप्त होती रोशनी में आवाजों का अनुसरण करता पीटर घर के बाजू में पहुँचा ही था कि भयानक ढंग से बादल कड़के थे। कहीं निकट ही वज्रपात हुआ था। प्रकाश के तेज झमाके से सबकुछ जगमग नहा उठा था।

पीटर ने देखा, पुआल से लदी एक मड़ई जो सम्भवत: गोशाला थी, ढही पड़ी थी। भीगे-भारी पुआल के पहाड़ तले दबी एक गाय डकरा रही थी। गाय का बछड़ा भी उसी पहाड़ तले दबा पड़ा था, जिसकी बाहर निकली बल खाती पतली मूँछ चोटिल साँप के फन की भाँति ऐंठ रही थी। ओले की मार से बंसी का सिर फट गया था जिससे रक्त बह रहा था। बंसी की माँ पुआल तले मरते बछड़े को बचाने हेतु प्राणपन से जूझ रही थी। उस घड़ी पीटर को मेजबानों पर टूट रही आपदा में सहभागी होने के सिवा कुछ और नहीं सूझा। वह भी भीगकर लद्दड़ हो रहे पुआल को खींच-खींचकर फेंकने लगा था।

अभी बछड़ा ढेर से बाहर निकला ही था कि पीछे से मुबारक अली की आवाज कोड़े की फटकार-सी लहरायी थी—"पीटर...भीतर आ...।"

पीटर मुबारक अली तक पहुँचा ही था कि मुबारक अली ने अपनी उकाब के पंजों जैसी उँगलियाँ पीटर की गुद्दी पर जमा दी थीं। पीटर की गर्दन अपने चंगुल में दबोचे वह घर के भीतर बढ़ा था।

"क्या कहा था मैंने...? हीरो मत बन। उस्ताद की बात उठाता है?"

दोनों वापस उसी कमरे में आ गये थे। परन्तु पीटर ने जितना कर दिया था वह भी अपर्याप्त नहीं था। मेजबानों का पशुधन नष्ट होने से बच गया था।

गाय-बछड़े को घर के बरामदे पर बाँधने के बाद बंसी पीटर के लिए कम्बल ले आया था। पीटर के भीगे कपड़े एक खूँटी पर टाँगकर नीचे मिट्टी की बोरसी जला दी थी। कपड़े सूखने लगे थे। कमरा भी गर्म होने लगा था।

शेष रात कयामत बरसती रही थी। गैंडे की खालवाला मुबारक अली तबेला

बेचकर सोता रहा था।

अभी सवेरा नहीं हुआ था पर घर में जाग हो चुकी थी। वह औरत तो शायद सारी रात जागती ही रही थी। घर में दो अपरिचित राहगीरों को रात में टिकाकर घर की जवान मालकिन चैन की नींद सो भी कैसे सकती थी!

जल्दी जग पड़े बच्चे खाना माँगने लगे थे। आँगन से होकर कमरे के भीतर आती नम हवा में पीटर ने सुलगती सीली लड़कियों की सोंधी महक महसूस की।

पता नहीं सूरज निकलनेवाला था या नहीं परन्तु अतिथियों के लिए नाश्ते की व्यवस्था हो गयी थी। जौ के आटे में खेसारी के सत्तू भरे टिक्कड़...। आग में सिंके मेहमानों के दाँत पनाह माँगने लगे परन्तु वनवासी मेजबानों में इससे अच्छा भोजन जुटाने की सामर्थ्य नहीं थी।

दिन चढ़ने तक तूफान मन्द पड़ गया था। अब तेज हवा नहीं थी, परन्तु लगातार होती बरसात ने अतिथियों को उसी घर में कैद रहने पर विवश कर दिया। अन्ततः दूसरी सुबह जब बरसात थमी तो पीटर ने अपने फौरन कूच करने की सूचना बंसी को दे दी।

पौ फटने के पूर्व ही वे निकल पड़े थे।

सीमान्त वनप्रान्तर तूफान से यूँ तबाह हुआ पड़ा था मानो पागल हाथियों का दल उत्पात मचाता गुजर गया हो। ओलों की मार से पत्र-विहीन हुए वृक्ष नंगे देवों की भाँति लग रहे थे। पथरीली-कंकरीली जमीन पर कीचड़ तो नहीं थी परन्तु सारी पगडण्डियाँ तूफान में खो चुकी थीं। हल्की धुन्ध में वातावरण भी दुधिया-दुधिया दिख रहा था। परन्तु बेशक उन वनवासियों को खोये रास्तों का भी पता था जो अभ्यस्त मार्गदर्शक की भाँति पीटर और मुबारक अली को राह दिखाते आगे-आगे चल रहे थे ताकि रात के भटके राहगीरों को गुम पगडण्डियों के महाजाल से निकालकर किसी साफ-सुथरी डगर पर डाल सकें।

विदा होने से पूर्व पीटर बंसी की माँ के मार्मिक रुदन और फिर मौत-सी चुप्पी की पहेली सुलझा डालने को आतुर हो उठा। कुछ दूर निकल आने के बाद उसने बंसी को अपने निकट बुलाया।

"अब तू लौट जा बच्चे!" मुबारक अली ने कहा, "आगे हम खुद चले जाएँगे।"

"ठीक है साहेब जी!" बंसी बोला।

"और यह बताते जाओ कि उस रात," पीटर ने पूछा, "जब हम आये थे, तुम्हारी माँ रो क्यों रही थी?"

बंसी कुछ नहीं बोला।

उसके चेहरे पर हिचकिचाहट के भाव उभरे। उसने अपनी माँ की ओर देखा जो दुधमुँहे बच्चे को गोद में चिपकाये पचास कदम पीछे शाल और कचनार के वृक्षों के बीच झड़े सफेद फूलों पर श्वेत प्रस्तर प्रतिमा-सी खड़ी थी।

"सच-सच बोलो बंसी!" पीटर ने शब्दों पर दबाव बढ़ाया।

"ओही साँझ," बंसी बोला, "ओही साँझ हमारा आबा मर गया था साहब जी!"

"आबा? तुम्हारा..." पीटर चौंका, "मर गया था?"

पिछले कई घण्टों से जो प्रश्न पीटर को कुरेद रहा था उसके ऐसे सपाट और निर्मम उत्तर की आशा तो मुबारक अली को भी नहीं थी।

"पर तुमने तो कहा था कि वह भेंड़ लेकर गया है? भेंड़ चराने निकला है?" पीटर ने पूछा।

"ऊ तो माई के कहने पर झूठ बोला। अधरतिया का पाहुना देवता होता है। माई बोली, अपने जिए-मरे से आप लोगन को दुखी काहे करें।"

पीटर के लिए यह अभिनव अनुभव विचित्र था। वह कभी बंसी को देख रहा था और कभी अपने जोड़ीदार के भावहीन चेहरे को। बंसी बता रहा था—"मेरे आबा के खातिर आप लोगन को दिक्कत में कइसे छोड़ देते हम? सो हड़बड़ी में माई ने मुर्दा घर में ही लुकवा (छुपा) दिया। अब हम आबा को फूँकेंगे।"

"ओह गॉड...!" पीटर की सिसकारी फूट पड़ी—"ओह माई गुड गॉड...!"

"आबा का ल्हास वहीं तो है साहब जी!" बंसी ने मानो विस्फोट कर दिया, "ओही बिछौना के नीचे जौन पर आप लोगन..."

"या अल्लाह...!" दहशत से भर उठा मुबारक अली इस बार अपना तकिया-कलाम तक भूल गया। याने डेढ़ रातें एक पूरा दिन हम एक लाश की छाती पर सवार रहे? लाश के सिर पर बैठे खाते-सोते रहे हम? यह कुफ्र...तौबा...! उसने धुँधले आकाश की ओर आँखें उठायीं—"या खुदा। तू रहीम है...तू करीम है...मेरे गुनाह बख्शना मेरे मौला...!"

मुबारक अली की प्रतिक्रिया से भयभीत बंसी का चेहरा दयनीय हो उठा।

"हमें छिमा करो साहेब जी। हम पहुना लोग से झूठ बोले। देवता सराप दें तो कोढ़िया फूट जाता है। हमें सराप मत देना साहेब जी!"

जंगल-पठार के अजीबो-गरीब रीति-रिवाज। अबूझ परम्पराएँ और आदिम आस्थाएँ। अविश्वसनीय मिथक और विश्वास। विचित्र आतिथ्य-सत्कार। कितने निर्मम थे बीते कुछ घण्टे...!

पहली बार मुबारक अली का चेहरा भी बेहद संजीदा हो उठा। उसने पूरी गम्भीरता से दूर खड़ी बंसी की माँ को देखा। तेज हवा के कारण आँचल का कोर दाँतों में दबाये...लज्जा से आधा चेहरा पल्लू में छिपाये...अतिथियों के शीघ्र विदा होने की प्रतीक्षा करती स्त्री की एक बेचैन आँख दिखी।

बंसी ने उन्हें सावधान करते हुए बताया।

''अब हम आगे नहीं जाएँगे साहब जी! आगे घोर जंगल है। जाना मना है। फरसगाड पकड़ लेता है। आप भी उधर मत जाना। जंगल के पार अपना देस भी नहीं है। उधर का जंगलबाबू पकड़ता है तो जेहल में भर देता है।''

''ठीक है, हम ध्यान रखेंगे। अब तुम जाओ।'' पीटर ने कहा।

बंसी दौड़कर अपनी माँ से जा मिला। वे अजीब प्राणी वापस मुड़े और दुधिया कुहासे में तीन परछाइयाँ आगे बढ़ती झाड़ियों में गुम हो गयीं। पीटर और मुबारक अली ठगे-से वहीं खड़े उन्हें जाते देखते रहे।

वे लुटेरे थे। वे हत्यारे भी थे। असामाजिक तत्व थे और भावी उग्रवादी भी...। अपराधबोध उनके लिए अजायबघर की चीज थी। पीर पराई जानने का चलन उनकी बिरादरी में नहीं था। परन्तु पीटर अभी पक्का नहीं हो पाया था। वह अन्तर्द्वन्द्व में था।

चिता चुनने को चार निर्मम हाथ चाहिए होते हैं। अर्थी उठाने को चार बलिष्ठ कन्धे...। कॉफिन कब्र में उतारने में भी कम से कम दो मजबूत बाँहें दरकार होती है। तीन बच्चोंवाली वह माँ कैसे कर सकेगी अन्त्येष्टि का हृदयहीन संस्कार..!

पीटर ने अपनी भावुकता को संयमित किया। बोला, ''यहाँ से सचमुच का जंगल शुरू होता है बड़े मियाँ?''

''हाँ।'' मुबारक अली क्रॉस के आकार में लगे वन-विभाग के सूचना पट्ट को घूर रहा था।

लोहे के ख भे पर क्रॉस की भाँति लोहे का पत्तर ठुँका था, जिसपर पीले रंग की पृष्ठभूमि में लाल लिखावट थी। मोटे अक्षरों में लिखा था...'ठहरिए। आगे जंगल है।' नीचे अपेक्षाकृत महीन अक्षरों में अनाधिकार प्रवेश-निषेध की चेतावनी...। नीचे एक बन्द मुट्ठी की तर्जनी पश्चिम की ओर संकेत कर रही थी।

''तो चलें न अब?'' पीटर ने पूछा।

''पीटर, लाचार मुर्दे को मिट्टी देना बड़े सबाब का काम है बरखुरदार!'' यह मुबारक अली ही था।

पीटर ने पहली बार अपने उस्ताद को किसी लाश के लिए विचलित होता देखा। सूखा ताल आज इतना भरा-भरा कैसे...? चकित शागिर्द ने अपने उस्ताद की आँखों में झाँका। भोर का रंग बदलता आसमान बड़े मियाँ की तजुर्बेकार आँखों

में प्रतिबिम्बित हो रहा था।

"सबाब! पागल मत बनो बड़े मियाँ!" पीटर ने चेतावनी दी—"जितनी जल्दी हो निकल पड़ो इस मायावी जंगल से। पता नहीं बॉर्डर कितनी दूर है। डाके के माल के साथ फँस गये तो सीधे जेल। शायद फाँसी भी...।"

"सोच पीटर, इतनी खातिर-तवज्जो और भरोसे के बदले हमने इन जंगली गड़रियों को क्या दिया?" मुबारक अली वन-विभाग के सूचनापट्ट को घूरता रहा— "एक दिन और दो रातों से अपनी मिट्टी का इन्तजार करती लाश पुरानी पड़कर खराब भी हो चली हो।"

"तुम्हें किसी छूत ने पकड़ लिया बड़े मियाँ?" पीटर ने झल्लाकर कहा, "मरवाओगे तुम। और पाशा को क्या जवाब दोगे?"

"सरहद पार करते ही हम भाड़े के सिपाही होंगे बरख़ुरदार या फिर मुहाजिर। यहाँ लोग हमें शक की नजर से देखते हैं, कबूल। देखें! किसी का ईमान खुदा पर, किसी का भगवान या तेरा गॉड पर भरोसा, पर यहाँ हमें बराबरी का हक तो हासिल है।"

"बड़े मियाँ, तेरी खैर नहीं।" पीटर सशंकित हो उठा।

"अल्लाह बड़ा कारसाज है।" मुबारक अली ने अपनी खल्वाट खोपड़ी पर संजीदगी से हथेली फिरायी।

धुन्ध की सफेदी को चीरता, सिन्दूरी घोल में नहाया सूरज नीले आकाश में तैर उठा। सुबह के उजाले में सब कुछ साफ-साफ दिखने लगा। हर पगडण्डी...वृक्ष...पौधे।

वे सुबह के भूलों की भाँति उसी दोराहे पर खड़े देर तक मानो किसी लम्बी सुरंग से गुजरते रहे और जब बाहर निकले तो वापस उसी पगडण्डी पर चल पड़े जिस पर थोड़ी देर पहले तीन परछाइयाँ चली थीं। पगडण्डी, जो किसी शहर, किसी पक्की सड़क या किसी बार्डर तक नहीं जाती थी। जो कहीं नहीं जाती थी, सिवा उस एकाकी मिट्टी के घर के, जिसकी अनगढ़ खिड़की से मद्धिम रोशनी रात के अँधेरे में कन्दील की भाँति फूटती थी।

पुल

जब धरती सोलह सिंगार करती है और जवान होते हैं खेत तो रसोईघर में झूमर नाचने लगती हैं बटलोहियाँ। स्टेशन से बाहर निकलते ही लहलहा उठा मन, जैसे क्वार के धान खेत...। कचराये कतिका धान के सिहरते हरे संगीत की लय पर झूम रही थी धान की स्वस्थ बालियाँ।

स्टेशन के दस फर्लांग पश्चिम इन्दर की अपनी जमीन है। दस कट्ठे का रकबा...। माँ-बाबू जी के देहान्त के बाद खेत बटाई पर देने लगे थे इन्दर। राँची में बैंक की नौकरी करते हुए खेती-बारी करना वश में नहीं था। जमीन के इस टुकड़े के बन्दोबस्त के लिए इन्दर को यहाँ आना पड़ता था। इस बार तो पाँच साल बाद आना सम्भव हो सका था।

घर वाले नहीं रहे तो देख-रेख के अभाव में गाँव का पुश्तैनी मिट्टी का मकान ढह-ढिमला गया था। इन्दर सवेरे वाली गाड़ी से गाँव पहुँचते। बटाईदारों से अपने हिस्से का अनाज तुलवाते। स्थानीय आढ़तिये बिहारी साहू के हाथ अनाज बेचकर रुपये खड़े करते और शाम की गाड़ी से लौट जाते। उन्हें याद नहीं कि अपने गाँव की भोर या डूबते सूरत की ललछौंह आभा पिछली बार उन्होंने कब देखी थी।

पहले गाँव से सात किलोमीटर पैदल लालगढ़ आना पड़ता था। हाल्ट खुला तो यहाँ पैसेंजर गाड़ियाँ रुकने लगी हैं। आने-जाने का सुभीता हो गया है पर गाँव से इतनी दूर, गोतिया-समाज की आँखों से परे ये खेत इन्दर के लिए समस्या ही बने रहे थे।

बटाईदार उपज का मोटा हिस्सा हड़प कर जाते और बहाने गढ़ने लगते। पानी की कमी, फसली कीड़े, नीलगायों का उत्पात या फसलचोरों का बहाना...। बटाईदारों की धोखेबाजी से आजिज इन्दर ने खेत बटाई पर देना ही बन्द कर दिया था। भले ही परती पड़े रहें खेत, कम से कम अपने छले जाने की ग्लानि और आत्महीनता से तो बचे रहेंगे।

इन्दर को इस झंझट से उबारने हेतु बिहारी साहू इन्दर की सारी जमीन खरीद

लेने को तैयार था परन्तु पिता की यह नसीहत इन्दर को जमीन बेचने से रोक लेती थी कि मर्द की मर्दानगी माटी से सोना काढ़ने में है, न कि माटी बेचने में।

ऐसे में इन्दर की समस्या की दवा बनकर आये थे नाहर सिंह। जवानी में इलाके के नामी लठैत रहे नाहर सिंह ने निर्द्वन्द्व जीवन जिया था। बिगड़े नाहर सिंह से बेटी कौन ब्याहता? छठे-छमाहे देहात में फेरियाँ लगानेवाली बिसातियों, चूड़िहारिनों और नट्टिनों में धरनी का सुख खोजते नाहर सिंह आजीवन कुँवारे रह गये।

जब तक हरे रहे पुरखों की अर्जित चल-अचल सम्पत्ति खाते-उड़ाते पहलवानी करते रहे। जब नसें ढीली पड़ने लगीं तब लगा, जीवन जो उन्होंने जिया, बेकार जिया। मांसपेशियाँ हड्डियों से अलग हो चली थीं। देह गिरते ही चार दानों के लाले पड़ जाएँगे। मरने पर न अरथी के लिए चार कन्धे जुटेंगे, न हाड़ में हरदी लगेगी, न मुँह में आग...।

जीवन की साँझ में किसी ठौर-ठहराव की खोज करते नाहर सिंह ने इन्दर के सामने प्रस्ताव रखा था—"लालगढ़ की जमीन हमें बटाई पर दे दो। हम जोत-कोड़ लेंगे। तुम्हें बीज-खाद-मालगुजारी-पटवन से भी छुटकारा देंगे। हमसे कोई दिक्कत नहीं होगी तुम्हें। गंगा में खड़ा कर कसम उठवा लो।"

नाहर सिंह की बूढ़ी हड्डियों में अब भी इतना दम था कि वह खेती कर लेते और फसल की सुरक्षा भी। नीयत मैली भी हुई तो कितने दिन जिएँगे नाहर! इन्दर ने नाहर सिंह का प्रस्ताव स्वीकार कर लिया था।

नाहर सिंह इन्दर की जमीन पर सब्जियों की खेती करने लगे थे। सब्जियों की कच्ची फसल की बटाई रोज-रोज सम्भव थी नहीं, अतः इन्दर ने कभी तगादा नहीं किया। सोचा, सालाना हिसाब होता रहेगा।

इस बीच इन्दर का तबादला पटना हो गया। पाँच वर्षों के पटना प्रवास में न तो नाहर सिंह का कोई पत्र आया, न ही कोई रुपया-खबर। इन्दर को लगने लगा था, नाहर सिंह ने तो मानो उनकी जमीन पर कब्जा ही कर लिया था।

बिहारी साहू इस बार पटना आकर खेतों के लिए आशा से अधिक कीमत देने लगा तो इन्दर गम्भीर हो उठे। बेटी की शादी तय कर चुके थे वह। रुपये तो चाहिए ही थे। उम्र में छोटे परन्तु रिश्ते में बड़े नाहर सिंह से पाँच सालों की बटाई का हिसाब माँगने से अधिक सुविधाजनक लगा था जमीन बेच डालना।

बैंक की नौकरी और इस उम्र की मश्किलें अब यात्राओं की इजाजत भी कहाँ देती हैं। परन्तु अन्तिम बार इस जमीन पर आना ही पड़ा था। जमीन की रजिस्ट्री करनी थी। नाहर सिंह से लेकर कब्जा बिहारी को दिलवाना था।

नाहर सिंह ने जमीन को मेहँदी-बनजलेबी की झाड़ियों से घेरकर बढ़िया

फार्म हाउस बना डाला था। खपरैल-माटी की कोठरी भी खड़ी कर ली थी। पराई जमीन पर स्थाई निर्माण... ? अच्छा किया जो जमीन बेचने का निर्णय कर डाला वरना खेतों पर कब्जा तो तकरीबन कर ही चुके थे नाहर सिंह।

हहराते पम्पिंग सेट से उफनते पानी को गोभी, करेले, टमाटर, शिमला मिर्च आदि की क्यारियों तक पहुँचाने में तन्मय नाहर सिंह को इन्दर ने औचक पहुँचकर चौंका दिया।

''कैसे हो नाहर?''

''इ...न्दर। साँझ के बखत? तुम तो सवेरेवाली गाड़ी से आते थे।'' नाहर सिंह अकबका गये।

''फसल तो खूब लगी है।'' आँखों-आँखों में सब्जियों की कीमत कूतने लगे इन्दर।

''फसल नहीं इन्दर, जीने का बहाना है। पौधे रोपो, सींचो फिर उन्हें फलता-फूलता देखो...बड़ा सुख मिलता है। समय कैसे बीता जाता है, पता ही नहीं चलता।''

नाहर सिंह ने खाट बिछाकर चटपट चाय बना डाली।

डूबते सूर्य की ताँबई धूप हल्दी की महीन बुरादे-सी चहुँ ओर छितरा रही थी। धूप से नहाते, चाय पीते इन्दर सोचते रहे, जमीन बिक्री की बात नाहर सिंह को कब बताएँ? अभी या सुबह? कैसे बताएँ...क्योंकि जमीन को लेकर नाहर सिंह अत्यन्त भावुक हो रहे थे।

''मैं तो मर ही जाता इन्दर पर मुझे जिलाये रखा तुमने। मुझ बेठौर को ठौर दिया इस जमीन ने। अपने बाल-बच्चे तो थे नहीं, पौधों को जवान होता देखा तो समझ में आया कि मैंने क्या कुछ खो दिया है। इस माटी से जुड़कर जाना इन्दर कि परिवार क्या होता है।''

''अक्ल भी आयी तो कब? जब जमीन मालिक से बटाईदार बन गये।'' हँसते हुए इन्दर ने कहा।

''बटाईदार कैसा? कभी उपज का हिसाब भी माँगा तुमने? मुझे तो जमीन का मालिक ही बना गये तुम। इतना तो सगे भाई भी भरोसा नहीं करते इन्दर, जितना तुमने...''

''क्योंकि हम सगे भाई नहीं हैं।'' इन्दर ने चाय खत्म की।

''न सही पर मैं तो अब इस भरम में जीने लगा हूँ इन्दर कि तुम अपने हो। तुम्हारा परिवार, तुम्हारे बच्चे, यह जमीन सब अपने हैं। बिटिया का ब्याह देखने की साध जाग उठी है अब तो। लड़का देख लो तो मुझे बताना। मैंने भी कुछ रुपये डाकखाने में जोड़ रखे हैं।''

शाम के भोजन हेतु क्यारियों से सब्जियाँ चुनते नाहर सिंह से पूछ बैठे इन्दर— "डाकखाने के रुपयों में मेरा कितना हिस्सा बनता है नाहर?"

"यह तेरा-मेरा क्या है?" इन्दर को कुछ पल एकटक ताकने के बाद बोले नाहर, "मैं नदी की कछार पर खड़ा सूखा पेड़...नकद साथ लेकर चिता पर चढूँगा क्या? जो भी है, सब तुम्हारा ही तो..."

"फिर भी। कितने रुपये होंगे?" इन्दर ने फिर पूछा।

"होंगे कोई चालीस-साठ हजार के लगभग।"

इन्दर अवाक्...। वह तो मात्र पचास हजार रुपयों में सारी जमीन बिहारी के हाथों बेचने का सौदा तय कर चुके थे। दस हजार रुपये अग्रिम ले भी चुके थे।

नाहर सिंह रोटी की तैयारी में जुट गये और इन्दर खुले आकाश तले खाट पर चित लेटे सुरगई साँझ के आकाश में उड़ते बगुलों की पाँत निहारते रहे। खेतों पर टिंहकती रही थी टिटहरी।

खुली-खुली सीमाएँ, इतनी साफ हवा...और इतना फैला नीला आकाश निहारे जमाना गुजर गया था। बेशुमार लोगों की भीड़, मुखौटे लगाये लोग, अवसरवादी, धोखाधड़ी और भागमभाग के शहरी जीवन से दूर यहाँ कितनी शान्ति और चैन...। माँ-बाबूजी के बाद तो गाँव पराया ही हो गया था मानो। जमीन का यह टुकड़ा मानो कोई पुल था जो इन्दर को गाँव-गँवई से जोड़ता था। काश बिहारी से सौदा पक्का करने से पूर्व वह एक बार नाहर सिंह से बात कर लेते जिसके पास आज पचास हजार रुपये हैं।

खेतों पर सोने का बुरादा छींटता सूरज पहाड़ों में जा छुपा और ठण्ड से पहाड़ियों की किनारियाँ नीली पड़ने लगीं तो नाहर ने इन्दर की खाट कोठरी में खींच दी। खाट पर कम्बल ओढ़े बैठे इन्दर नाहर सिंह को भोजन बनाता देखते रहे।

भोजन तैयार करने के बाद नाहर सिंह कोठरी में इधर-उधर बिखरा सामान अपने टीन के बक्से में करीने से सहेजने लगे तो चौंके इन्दर। पूछा, "अब क्या करने लगे नाहर?"

"सामान समेट रहा हूँ।"

"क्यों?"

"तुम्हें पता है क्यों," नाहर सिंह ने कहा, "अपने घर की बात बाहरवालों से मालूम हो तो बड़ी तकलीफ होती है इन्दर!"

"कौन सी बात?" कठिनाई से पूछ सके इन्दर।

"पुरखों की थाती बाजार चढ़ाने की बात। रुपयों की जरूरत थी तो जमीन के मालिक हो तुम...रुपया मुझसे वसूल करते। पर बिहारी ने हँसकर दो रोज में

जमीन खाली कर देने का ताना दिया तो मेरा कलेजा कट गया इन्दर! क्या मैं बिहारी से अधिक पराया हूँ? बताओ इन्दर!''

हक्के-बक्के रह गये इन्दर। जिस वार्तालाप को वह घण्टों से स्थगित करते रहे थे, स्वयं नाहर सिंह ने छेड़कर मानो उन्हें निहत्था कर डाला था। अपराधबोध से भरे इन्दर ने पूछा, ''नाहर, माना कि भूल हो गयी मुझसे। पर क्या तुम्हें विश्वास है कि यह जमीन बिक ही जाएगी?''

''क्यों? रजिस्ट्री ही तो करने आये हो।'' नाहर सिंह ने उलाहना दिया।

''तुम रोकोगे नहीं मुझे?''

''यह हक शायद मैं खो चुका इन्दर या खोने वाला हूँ।'' नाहर सिंह की आवाज भीग उठी।

खाट से उठे इन्दर। नाहर सिंह के कन्धे थामकर बोले, ''आज जाना कि यह जमीन मिट्टी का रकबा-भर नहीं है। एक रिश्ता है मेरे-तुम्हारे बीच। मिट्टी का रिश्ता। गाँव और शहर के बीच एक पुल है मेरे लिए यह जमीन। मैं यह पुल तोड़ नहीं सकूँगा नाहर! यदि तुम्हें एक घर-ठिकाने की जरूरत है तो मुझे भी एक बुजुर्ग की जरूरत है भाई!''

''तो क्या करार से फिरोगे? सौदे से मुकर जाओगे?''

''कोई सौदा या करार इस पुल से अधिक मजबूत और कीमती नहीं नाहर! फिर पराई चीज का सौदा मैं कैसे कर सकता हूँ? जमीन तो उसकी होती है जो उसे जिलाये रखता है। इस जमीन पर यदि मेरा कोई हक था भी नाहर तो वह अधिकार भी आज मैं तुम्हें सौंपता हूँ...''

''तुम बौरा गये हो इन्दर!'' नाहर सिंह झाँकते रहे इन्दर की आँखों में जहाँ विश्वास, समर्पण और स्नेह के सिवा और कुछ नहीं था।

''मुझे दस हजार रुपये उधार दोगे नाहर?'' इन्दर ने पूछा।

''उधार...। सारा रुपया तुम्हारा ही तो है। पर इतने रुपयों का अभी करोगे क्या?''

''अभी नहीं, सुबह। बिहारी को लौटाना है। या ऐसा करो, कल तुम्हीं उसे रुपये फेर आना। कहना, यह जमीन नाहर सिंह की है फिर इन्दर उसे बेचनेवाला कौन होता है?''

''तुम्हारा दिमाग तो ठीक है न?'' नाहर सिंह उलझन में थे।

''एकदम ठीक है। कल मेरे साथ तुम डालटनगंज चल रहे हो। यह जमीन अब बिहारी के हाथ नहीं बिकेगी। मैं कल ही यह जमीन तुम्हारे नाम लिख देना चाहता हूँ। कल ही...आदमी की नीयत और दिमाग का क्या भरोसा नाहर...!''

नाहर सिंह की आँखें डबडबा उठीं। जीभ तालू से जा सटी। क्या कहें कुछ

समझ न आया तो कोठरी से बाहर निकल गये नाहर सिंह।

बाहर पूरनमासी का चन्द्रमा खेतों पर चाँदनी के अक्षत बिखेर रहा था। चाँदी-चाँदी नहाते खेत खिलखिला रहे थे। चाँदनी में नहाती टिटहरी आकाश में टिंहक रही थी। कोठरी की चौखट पर खड़े मौन इन्दर बाहर ताकते रहे। माटी के उस पुल पर खड़े नाहर सिंह हिलक-हिलककर बच्चों की भाँति रो रहे थे।

ढोल

साँप-छछून्दर की गति हो गयी है बैजू की। खूब फजीहत में पड़ा है बैजू इस साल। कहाँ बजावेगा ढोल? दशहरे के दुर्गा-भसान में या कि मोहर्रम के ताजिए वाले जुलूस में?

गाँव के छौंड़े-छोकरों ने राह चलनी मुश्किल कर दी है। बैजू को देखते ही हड़काये वानर की भाँति उसके पीछे पड़ जाते हैं। चिढ़ाने लगते हैं...बैजू मन ही मन कहता है—"ई कौन विपदा में डाल दिये परभू जी... ?"

वैसे तो बैजू का पूरा नाम है बैजनाथ महरा, पर नेह-सनेह से लोग उसे बैजू ही कहे हैं। बैजू के पुरखे-पुरनिए भी ढोलबजनिया थे, सो लड़कपन से ही ढोल बजाता आ रहा है बैजू...पुरखों की परम्परा का निर्वाह...।

गिनाने को अब कई और भी ढोलबजनिये हो गये हैं जवार में पर बैजू जैसा ढोलबजनिया... ? ना...बैजनाथ महरा के जोड़ का दूसरा ढोलवादक जवार में नहीं है। शादी-ब्याह, ईद-मुहर्रम, कथा-उपनैन, दशहरा-फगुआ, मुण्डन-छेदन...किसी की चमक-सजावट बैजू के ढोल के बिना सोभती ही नहीं। तीज-त्यौहार बिना दुआर पर ढोल धमके सुहावन लगते हैं भला? अँग्रेजी बाजे में बैजू बजनिया के ढोल वाली बात कहाँ?

लगन-ब्याह के दिनों में बैजू की पूछ कुछ ज्यादा ही बढ़ जाती है। ढोल-पुजाई, मँड़वे में लगने वाले बाँस की पुजाई...। बिना पियरी धोती, गंजी, शंखछाप छींटदार गमछा, भर सूप चावल, दाल-नीमक, हरदी-आलू का चढ़ावा पाये ढोल पुजवाने नहीं आता बैजू। चढ़ावा भरपूर न हो तो बैजू की उँगलियाँ नहीं फड़कतीं। डेग-डेग पर नेग के लिए अड़ता है बैजू। पुरोहित-नापित से तनिक भी कम कमाई नहीं है बैजू की।

खाने की पाँत में बैजू के पत्तल पर सेर-भर बुँदिया न गिरे तो ढोल की ताल बीच-बीच में कटने लगती है...धिधिनक्...धिनाक...धिक्...धि...धि...।

तनिक लदभेसर (पेटू) भले हो पर मन का एकदम साफ और सीधा है बैजू

बजनिया। रतनपुर की ठकुरबारी में दुर्गा जी की मूर्ति रखाती है तो मुँहमाँगे दाम पर सट्टा होता है पर इक्यावन रुपये से एक छेदहवा पैसा ज्यादा नहीं लेता। बैजू गुनी है, मानमनौवल खोजता है पर ज्यादा पैसा... दाँतों में जीभ दबाकर कान पकड़ता है बैजू...देवी-देवता के काम में मोल-मोलाई... ? ना...। खून पानी हो जाएगा। गल जाएगा हाथ-गोड़।

बड़े-से ढोल में मोरपंखी झालर टाँके, पैरों में मोटे-मोटे झाँझर पहने जब लहरदार ठुमके लगाता है बैजू तो आदमी की नस-नस झनझना उठती है, काँप-काँप उठती है दीये की लौ।

वैसे मदक्की नहीं है बैजू। पर आसिन-कातिक की रात केवल धोती-मिरजई पर काटना खेल बात नहीं है। लगातार ढोल बजाना ठट्ठा है क्या! एक चिलम गाँजा जरूरी है, फिर तो अधरतिया तक कलेजे पर थाप देती रहती है बैजू के ढोल-झाँझर की धमक-खनक। आरती के समय चिरौरी करते हैं लड़के—''ए बैजू, बंगाली पूजा जैसा ढाक बजाओ...ढाक।''

बैजू की उँगलियों की तपिश से मढ़े चमड़े पर जो उठती हैं रागिनियाँ। फूटने लगते हैं लावा-फरही। ढाक्-ढिन्ना-ढाक्...नाच बेटा-नाच...ढाक्-ढिन्ना-ढाक्क्...। बिजली की चमक है बैजू के पैरों में और देह में लचक धमिनवा साँप जैसी। धूप-लोहबान के गाढ़े हुए धुएँ में बैजू के साथ मत्त होकर नाचते लगते हैं लड़के भी...नाच -बेटा-नाच...ढाक-ढिन्ना-ढाक्...।

मुहर्रम के दिन मीरगंज से मुहर्रम के ताजिये और झण्डे निकलते हैं। ताजिया उठने से लेकर कर्बला तक पहुँचने और फिर वापस गाँव लौटने तक लगातार ढोल बजाता बैजू साथ होता है। ताजिये के जुलूस में लाठी-भाला-तलवार-गँड़ासा भाँजते पैंतरेबाजों के खून में गर्मी भरता चलता है बैजू का ढोल।

चैत-वैशाख के उदास दिनों में मनसायन के लिए रोज नदी किनारे रियाज करता है बैजू। नदी किनारे की रेत में उगे नरकुल-सरकण्डों के पीछे से झाँकने लगता है थाली भर का लहकता ताँबाई चाँद। चहुँ ओर चाँदनी छिटाने तक नदी के कछारों में गूँजती रहती है बैजू के ढोल की आवाज।

इस साल सीजन की शुरूआत में ही विपदा में पड़ गया है बैजू। इतवार को प्रतिमा-विसर्जन का रिवाज नहीं है। सोमवार को भसान होगा पर सोमवार को ही इस साल मुहर्रम पड़ गया है; और बैजू के ढोल की जरूरत दोनों ही जगह है। बैजू के ढोल बगैर न मूर्तियात्रा की शोभा रहेगी न ताजिये का जुलूस ही जाएगा। रतनपुरा और मीरगंज मूँछों पर ताव देते बैजू का ढोल अपने घर में बजवाने के पैंतरे खेलने लगे हैं। तनाव बढ़ता जा रहा है।

मीरगंज बैजू का अपना गाँव है। गाँव के ताजिये की इज्जत अपनी इज्जत

है पर रतनपुरा की दुर्गादेवी की मर्यादा भी तो बैजू ही निभाता आया है। क्या करे बैजू...!

बहुत जोड़-घटाव करने के बाद अन्ततः बैजू ने उपाय खोज लिया। ठोंका-बजाया फिर अपने निर्णय से सन्तुष्ट बैजू ने दोनों ही गाँवों से ढोल बजाने का बयाना ले लिया।

गाँव के लड़के चेताते—"पानी में रहकर मगर से रार न पसारना बैजू, नौ दिन रतनपुरा में बजा लो, पर सोमवार को ढोल मीरगंज में ही बजेगा।" रतनपुरा वाले समझाते—"जात-बिरादरी से बाहर जाना ठीक नहीं बैजू! देवी का त्यौहार छूटा तो ठीक न होगा।"

मूर्ति रखी गयी। नवरात्र की नवमी को ढोल बजाते बैजू से उलझ पड़े लाठी सिंह।

"कल टैम पर आ जाना बुढ़ऊ!" नशे से लटपटाती आवाज।

खिन्न-उद्विग्न-झुँझलाया बैजू बोला, "ऐ बाबू लाठी सिंह...पूजा-पाठ के मानी? यही निसा-पानी ? होश में आइएगा तब बतियाइएगा हमसे।"

"ऐ...हमको निसाबाज बोला?" तमक उठे लाठी सिंह—"ढोलहा बजनिया का यह मजाल? इतना सिर चढ़ गये आदमी-जन कि बबुआन के मुँह लगने लगे...?"

खिसियाइए मत, "बैजू ने बात सँवारी—"दोनों गाँव की इज्जत रखेंगे। सोमार को तजिया बैठा लेंगे। आप लोग सुरूज डूबते मूर्ति उठाइए। हम यहाँ भी हाजिर...।"

"यह तो धोखा है बैजू! सवेरे बिना ढोल के आरती कैसे?" बबन बोले, "साले हमसे ही चमरखेल? तुम्हारा चमड़ा खींच के ढोल मढ़वा देंगे।"

"ऐसी बेसहूर जबान काहे बोलते हैं बाबू साहेब", बैजू ने टूटे मन से कहा, "जब चाँद-सुरुज की गति इस साल मिल गयी तो दो गाँवों की मति काहे नहीं मिल सकती?"

"मारो बुढ़वा को। लीडरई छाँटता है। इसका ढोल फोड़ दो।" कई अविवेकी बैजू पर टूट पड़े।

लात-घूँसे-थप्पड़...। कई जगह देह फट गयी। नकसीर फूट गयी।" ओंठ फटकर लटक गये। जगह-कुजगह कई गुम चोटें...बैजू का ढोल दोनों ओर से फाड़ डाला गया।

फटा ढोल गले में लटकाये घिसटता घर लौट रहा था बैजू। लड़कों ने चेतावनी दी—"सबेरे बयाना का रुपया फेरने को तैयार रखना रे बइमनवा!"

बूढ़ी देह पर चार गदहे की मार। ठठरी हाथ-पैरों में हल्दी-चूना लपेटे

खटिया पर पड़ा रहा बैजू। देह की चोट से ज्यादा टभकती रही ढोलवादक के आत्मसम्मान पर लगी ठेस।

खूब सवेरे मीरगंज के लड़के चढ़ आये—"अब तुमसे क्या बजेगा ढोल! हमारा रुपया साँझ तक फेर दो नहीं तो बहुत बुरा होगा।"

पैसे खर्च हो चुके थे। वापस क्या करे बैजू! दोनों गाँवों के अगिया बैताल छौड़ों के न मुँह में बोली-वचन है, न आँख में लाज। पता नहीं कल और क्या गत बनेगी।

साँझ रात में ढल गयी। दशहरा है और हतबुद्धि बैजू बजनिया सोचता है, पहला ऐसा साल है यह जब वह न तो दुर्गामाई की सेवा कर सका, न ताजिये की शोभा बढ़ा सका। पुरखों की परम्परा टूट गयी आज। बैजू बजनिया के नाम पर कालिख पुत गयी। अपराधबोध...ग्लानि...। सारे टण्टे की जड़ यह ढोल ही तो है। वैर का बीज। दो गाँवों के बीच तनाव का कारण है यह ढोल। न रहेगा ढोल, न बेजा वैर का ताल।

पीड़ा से पिराती देह को किसी तईं काबू में कर उठा बैजू। फटे ढोल के साथ घर से बाहर निकला। ढोल को जमीन पर जमाया। छप्पर में खुँसी कुल्हाड़ी निकाली और पूरी ताकत से ढोल पर प्रहार किया।

ढोल की गोलाई पर पड़ते ही कुल्हाड़ी छिटकी और सीधे बैजू की टाँग पर...। तीखी दर्द की लहर....परन्तु अंगुल-भर गहरे घाव से हराहर बहते अपने ही लहू को देख मानो सनक गया ढोलवादक। दनादन ढोल पर गिरने लगी कुल्हाड़ी...लगातार। खील-खील हो गया ढोल। बिखर गये लय-ताल के ताने-बाने। झोपड़ी के भीतर भात राँधती बैजू की बहुरिया चिल्लायी—

"सनक गये हो का ए बुढ़ऊ?"

घूरे पर जमा पुआल-पत्तों के सुलगते ढेर में बैजू ने टूटे-फटे ढोल की अस्थियाँ झोंक दीं। चमड़ा और ढोल की सूखी लकड़ियाँ पाते ही लहक उठी आग। लगातार बहते रक्त के साथ मानो बैजू की बूढ़ी काया की जीवन-शक्ति भी बहती गयी थी। उसकी आँखों के सामने पीले तारे नाचने लगे। थरथराने लगीं टाँगें। बैजू त्योराया...लड़खड़ाया और फिर कटे खजूर-सा अलाव पर ही ढह गया।

दशहरे-मुहर्रम से निवृत्त थके-माँदे लोग पकवानों से तृप्त हो रहे थे। हवाओं में फैलती जलते चमड़े की चिराँयध को चीरती हुई नारी कण्ठ की बूढ़ी आवाज—"अरे कोई दौड़ो...कोई देखो रे..हाय हो हमारौ सुग्गा...ऽऽऽ"

गाँव की हवाओं में पुए-पकवान की गमागम पर हावी हो चुकी थी जलते चमड़े की बास।

सीगल

क्योंकि शादी का मतलब होता है एक अदद बीवी, बीवी के बाद बच्चे, दोनों का योग होता है परिवार और इन सबका जमा मतलब होता है जिम्मेवारियाँ...। याने जिन्दगी में एक ठहराव, और फिर आदमी की रोमांचप्रिय प्रकृति का स्वर्गवास...।

अजहर अपनी कल्पना ऐसे व्यक्ति के रूप में कभी नहीं कर पाता था जो बुडापेस्ट के 'कैसीनो' (जुआघर) में ऊँचे दाँव लगाने की बजाय उस रकम से अपने जीवन-बीमे की किस्तें भरने के बारे में सोच रहा हो या फिर वेनिस के किसी उम्दा 'बार' में बेहतरीन शराब खरीदने की बजाय उन पैसों की पाई-पाई भविष्य के लिए जोड़ रहा हो। परन्तु शादी के बारे में उसके खयालात अब बदल चुके थे। शायद तभी बदलने शुरू हो गये थे, जब वह पिछली बार कराची आया था।

वह नमसमुद्री हवा की महक से भरी एक सर्द शाम थी। सितारों के बूटों जड़ा साफ-शफ्फाक नौ मार्च उन्नीस सौ छियानबे का आसमान था, जब 'ग्लोब शिपिंग कारपोरेशन' का यात्रीवाहक जहाज 'सी-बर्ड' (सागर-पाखी) रंगून, जार्जटाउन, सिंगापुर, सेगौन और हांगकांग होता हुआ एक बार फिर कराची के 'डॉक' पर आकर ठहरा था।

जहाज के डेक पर रेलिंग के सहारे खड़ा अजहर दूर किनारे पर जगमग करती कराची शहर की रोशनियों को निहारता रहा था। जहाज की 'बो' (चोंच) के आगे नाचती डाल्फिनें अब 'पोर्टहोल' (खिड़कियों) से फूटती रोशनी में अठखेलियाँ कर रही थीं। पूरे सफर के दौरान 'पूप्स' (जहाज के छोरों) और 'मंकी आइलैण्ड' (अगले छोर पर नेवीगेटर के बैठने हेतु बना ऊँचा मचान) पर बसने-विचरने वाले सफेद-स्लेटी कबूतर जैसे समुद्री पक्षी—सीगल—कहीं उड़ गये थे। जहाज के 'क्रियू' (कर्मचारी-दल) के लोग जहाज से उतर चुके थे। बन्दरगाहों के इलाके में शराब के बार और वेश्यालय आम हुआ करते हैं, जहाँ जहाजी अपनी मानसिक-शारीरिक थकान से मुक्ति पाने के औजार तलाश लेते हैं।

जहाजियों के यायावार जीवन में ऐसे अवसर दुर्लभ होते हैं जब किसी पराये

मुल्क के किसी बेगाने शहर में किसी अजनबी से मन के तार जुड़ जाते हैं। घर से छूटे जहाजियों के मन का कोई कोना देश-विदेश की रंगीनियों के बीच भी रिक्त ही रहता है।

पिछली दफा जब अजहर कराची आया था तो हामिद अजहर के मन के इस तपते रीतेपन में मानो किसी शीतल बूँद-सा अनायास ही टपक पड़ा था।

वह भी ऐसी ही एक शाम थी जब अजहर महज वक्तगुजारी के लिए टहलता हुआ मिर्जा इस्माइल रोड तक जा निकला था। ...जब उससे कुछ ही कदम आगे एक हादसा पेश आया था जिसमें एक सात-आठ साल का स्कूली लड़का सड़क पार करते वक्त एक तेज रफ्तार वाहन की चपेट में आ गया था। ...जब अजहर ने उस लड़के को पास के अस्पताल तक पहुँचाया था और जब लड़के की हालत सुधरी थी तो वह उसे उसके घर तक छोड़ने मिर्जा ग़ालिब रोड पर स्थित उसकी कोठी पर भी गया था।

उस लड़के—हामिद का पिता एक नौसैनिक जहाज में टारपीडो ऑपरेटर था, जो रिटायरमेण्ट के बाद एक तेलवाहक कार्गोशिप (मालवाहक जहाज) पर नौकरी करने लगा था और आगजनी के एक भीषण हादसे में दुर्भाग्यवश अपनी जान गँवा बैठा था। तब शायद हामिद बहुत छोटा था, पर बेहद जहीन उस बच्चे के जेहन में अपने पिता की यूनिफॉर्म वाली छवि कुछ इस कदर बावस्ता थी कि यूनिफॉर्म वाले हर जहाजी में उसे अपने मरहूम वालिद की ही परछाईं दिखती थी।

हामिद की बेवा माँ—रेहाना एक कॉलेज में लेक्चरर थी जो 'बच्चों पर मीडिया का दुष्प्रभाव और परिवार का दायित्व' विषय पर शोध कर रही थी।

वैसे तो काफी मिलनसार, खुशमिजाज और मेहमाननवाज महिला थीं रेहाना पर वे अपने काम में कुछ इस कदर मसरूफ रहती थीं कि अपनी इकलौती औलाद हामिद के लिए भी उनके पास बेहद कम वक्त होता था। शायद वे उन कैरियरप्रिय लोगों में से थीं जिन्हें अपने बच्चों की फुंसीनुमा मुश्किलें तब तक नजर नहीं आतीं जब तक कि वह फोड़े जैसी दुश्वारियों में तब्दील नहीं हो जातीं।

दो-चार मुलाकातों में ही औपचारिकताएँ खत्म होने लगी थीं और अजहर के बारे में काफी कुछ जानने के बाद एक दिन रेहाना ने हैरत से पूछा था,

"अल्लाह...! इस उम्र तक आपने शादी नहीं की?... क्यों?"

"बस, यों ही।"

"कुछ तो बात होगी।"

"बात क्या होनी है। डरता हूँ और क्या," अजहर ने प्रसंग को हल्का करते हुए कहा था, "...क्योंकि शादी से पहले लड़कियाँ सिर्फ एक अदद पति की मन्नतें माँगती हैं पर शादी के बाद पति के अलावा ढेर सारा बहुत कुछ भी... शादी

के बाद बीवियों की बढ़ती जरूरतें आदमी की पीठ को धनुष की तरह कमानीदार करती जाती हैं।''

''यह तो कोई बात नहीं हुई।'' रेहाना मुस्कराने लगी थी।

''बात यह भी है कि शादी के बाद हर आदमी परले सिरे का अहमक और अव्वल दर्जे का नकारा साबित होता है... कम-से-कम अपनी बीवी की निगाहों में तो जरूर इसलिए मैंने...''

रेहाना खुलकर हँस पड़ी थी। उन्मुक्त, चाँदनी-सी शफ़्फ़ाक हँसी।

अजहर ने हफ्तेभर के उस दौरे में ही हामिद को ढेर सारे महँगे खिलौने उपहार में दे डाले थे। रेहाना ने अपनेपन भरा उलाहना भी दिया था,''आप हामिद मियाँ की आदतें खराब कर रहे हैं अजहर साहब।''

अजहर ने बात अनसुनी कर दी थी पर वह रेहाना के इस अनुरोध को अनसुना नहीं कर सका था कि वह जब भी हामिद से मिलने आये तो जहाजियों की वर्दी में ही आये। उसे अच्छा लगेगा, क्योंकि नन्हें हामिद को यूनिफॉर्म में शायद अपने वालिद मरहूम का अक्स दिखाई देता था। अजहर ने भी बेसाख्ता ही चुभती हुई-सी बात कह डाली थी—''बच्चों को बाप के अक्स की नहीं बल्कि एक अदद बाप की जरूरत होती है मोहतरमा।''

''दुरुस्त फरमाते हैं आप,'' रेहाना ने दीवार पर टँगे कैलेण्डर को घूरते हुए संजीदगी से कहा था, ''पर सोचती हूँ इसके लिए दूसरा जहाजी बाप कहाँ तलाश करूँ?''

''कोई ज्यादा मुश्किल काम तो नहीं है यह।'' अजहर ने सहजता से कहा था।

रेहाना भी अब पुनः सहज हो गयी थी। अजहर की ओर शरारत से देखा था।

''हाँ...! आपके बारे में भी सोचा जा सकता था, अगर आप हिन्दोस्तानी न होते तो...''

और वह ठहाका लगाकर हँस पड़ी थी गोया कोई उम्दा चुटकुला कहा हो। अजहर के जेहन में यह एक शब्द 'हिन्दोस्तानी' जैसे किसी काँटे-सा धँस गया था। हिन्दुस्तानी... या मुहाजिर...? मानो कोई गाली हो।

जब मशरकी-मगरबी जर्मनी की दीवार ढहाई जा सकती थी तो हिन्दुस्तान-पाकिस्तान के बीच तो महज कुछ पहाड़ियाँ, थोड़ी रेत और चन्द काँटों की बाड़ें थीं। वो तो दोनों मुल्कों के सियासतदानों ने इस पड़ोसी रिश्ते को काँच की गुड़िया बना रखा है, वर्ना दोनों मुल्कों की अवाम, कलाकार और अदीब जो चाहते हैं, छुपा नहीं है। फासले तो चुटकियों में तय किये जा सकते हैं। ...पर बात चूँकि हँसी में कही गयी थी, इसलिए इसे संजीदगी से लेना बेवकूफी होती।

तब अजहर तकरीबन रोज ही हामिद से मिलने जाया करता था। रेहाना अपनी मसरूफियात में और हामिद अक्सर टेलीविजन से चिपका मिलता। अपनी माँ की मौजदूगी में टिश्यू-सेल, मात्रा-भार, घनत्व या सजीव-निर्जीव के फर्क में उलझा रहता हामिद या फिर रेहाना के 'गेंद इधर-उधर मत पटको', ...'धूप में मत खेलो', 'डोण्ट डिस्टर्ब मी' आदि-आदि जुमले झेल-थक कर टी.वी. खोले बैठा रहता। मौजूदा दौर में जब तालीम और मीडिया के खतरनाक घालमेल ने बच्चों से उनका बचपन ही छीन लिया है, अजहर से मिलते ही हामिद सचमुच बच्चा बन जाता। चींटें की भाँति अजहर से चिपक जाता।

"कैप्टन चाचा, कोई कहानी सुनाओ..."

"मैं कैप्टन नहीं हूँ नन्हें मियाँ," अजहर उसे बार-बार याद दिलाता, "मैं तो शिप पर एक मामूली पर्सर (खजांची) हूँ।"

"नो... मैं तो तुम्हें कैप्टन चाचा ही कहूँगा।"

"मर्जी आपकी...!" अजहर हथियार डाल देता। फिर शुरू हो जाती रोमांच की कोई नयी गाथा। सिन्दबाद, गुलीवर, वास्को-डी-गामा और मेग्लान जैसे खोजी जहाजियों के अभियान के किस्से।

हामिद और रेहाना के सान्निध्य में गुजरे उन चन्द दिनों में अजहर बड़ी शिद्दत से महसूस करने लगा था कि आदमी की जिन्दगी में ठहराव की भी बड़ी अहमियत होती है। शादी के मुताल्लिक वह इतना संजीदा कभी नहीं हुआ था। दस दिनों की उन मुख्तसर और टुकड़े-टुकड़े मुलाकातों ने उसके खयालों में एक इंकलाबी बदलाव ला दिया था।

जब वह कराची से विदा हो रहा था तो हामिद अपनी माँ के साथ बन्दरगाह के डॉक पर उसे विदा करने आया था।

वह एक धुन्ध-भरी ठण्डी सुबह थी। जहाज किनारा छोड़ रहा था। हामिद ठण्ड से काँपते हाथ विदा में हिला रहा था। हामिद के साथ खड़ी, हामिद की आदतें बिगाड़ने की शिकायत करने वाली उसकी माँ की 'तुम फिर आना' कहती आँखें...! कोहरे में गुम होते माँ-बेटे के विदा में हिलते हाथ...! कई रातों तक उन आँखों... उन हाथों ने अजहर को सोने नहीं दिया था।

शादी की फाँस कभी गले में न डालनेवाली उसकी पूर्वाग्रहग्रस्त मान्यताएँ अब ध्वस्त हो चुकी थीं। अब वह शादी के बारे में गम्भीरतापूर्वक विचार करने लगा था। आज फिर वह कराची में था। अपने नन्हे दोस्त हामिद के शहर में। रेहाना के शहर में।

अजहर ने घड़ी देखी। अभी कोई ज्यादा वक्त नहीं हुआ था। अपने नन्हे दोस्त से मिलकर, रेहाना के पास अपनी आमद दर्ज करने के बाद भी वह आराम

से अपने लिए कोई होटल तलाश सकता था। मिर्ज़ा ग़ालिब रोड की वह कोठी मानो उसे अपनी ओर खींच रही थी।

उसके शरीर पर जहाज की वर्दी थी। सफेद कमीज, सफेद पतलून और कन्धे पर टँगा नीला ओवरकोट...! जहाज 'सी बर्ड' के चमकते मोनोग्राम वाली पीक-कैप को उसने सिर पर करीने से जमाया और 'गैंग-वे' से गुजरता हुआ बाहर की ओर निकल पड़ा। यह सोचता हुआ कि इस बार वह हामिद को कौन-सी कहानी सुनाएगा। कहानियाँ पढ़ने और कविताएँ लिखने की उसकी 'बुरी' लत से उसके पिता हमेशा खफा रहते थे।

"इतनी मशक्कत की होती मियाँ तो कलक्टर बन गये होते।"

अजहर कभी अपने पिता से यह नहीं कह सका था कि मशक्कत करके कलक्टर तो शायद बना जा सकता है पर अदीब कतई नहीं। अपनी नाकामियों के आईने में अपने बच्चों के भविष्य की नोंक-पलक सँवारने वाले पिता शायद यह कभी नहीं सोचते कि दरअसल उनके बच्चे क्या बनना चाहते हैं बल्कि वे अपने बच्चों को वह पढ़ाना-बनाना चाहते हैं जो वे खुद न बन सके।

जहाज पर अजहर के सहकर्मी भी कभी-कभार खिल्ली उड़ा बैठते थे।

"अफसाने-अशआर ही गढ़ने थे मियाँ तो खुश्की पर ही रहते, जहाज पर आने की क्या जरूरत थी?"

कुछ भी तो नहीं बन पाया था अजहर। न कामयाब बेटा, न कामयाब लेखक, न कामयाब आदमी। चूँकि जीने के लिए कुछ न कुछ तो करना ही था सो उसकी फक्कड़ तबीयत और आवारा फितरत को जहाजी की यह नौकरी रास आ गयी थी।

वह पैदल ही चलता-टहलता हामिद के घर तक आ पहुँचा था। मुख्यद्वार के पैनल में लगी 'कॉलबेल' का स्विच दबाया था। उत्तर में कुछ देर बाद दरवाजे और चौखट के बीच पतली-सी दरार पैदा हुई। उस झिर्री में से झाँकता उसे अपने नन्हे दोस्त हामिद का चेहरा दिखाई पड़ा।

"हल्लो...!" वह उत्साह से बोला, "मैं अजह...कैप्टन चाचा।"

हामिद के चेहरे पर हर्ष और उल्लास के बदले तनाव के लक्षण प्रकट हुए। उसकी आँखों में एक अजीब-सा अजनबीपन उग आया था। दरवाजा खोलने, न खोलने के बीच मानो झूल रहा था हामिद। हठात् वह बोल उठा।

"अब हम दोस्त नहीं हैं। मैं किसी इण्डियन से बात नहीं करूँगा।"

"पर सुनो तो दोस्त...!" अजहर ने मुसकराते हुए पूछा, "बात क्या है? हुआ क्या जो...!"

"तुम दुश्मन हो। दुश्मन देश के जहाजी...।"

"पर मैं तो वही हूँ। तुम्हारा कैप्टन चाचा... भाई दरवाजा तो खोलो। इस बार तो मैं तुम्हें 'मार्कोपोलो' और 'ड्रेक' की कहानियाँ...!"

"नो... ले जाओ अपनी कहानियाँ।" बच्चे की आवाज जहरीली हो उठी, "यू ब्लडी इण्डियन, आई हेट इण्डियंस! आई हेट यू टू...!"

...और फिर धड़ाक से दरवाजा बन्द...! बन्द होते पल्लों की धमक से ज्यादा जोरदार... सैकड़ों नॉटिकल मील की रफ्तार वाले टारपीडो जैसे हामिद के शब्द अजहर की चेतना से टकराये थे। उसकी उँगलियाँ दरवाजे की फाँक में पिसते-पिसते बची थीं पर बहुत कुछ ऐसा भी था जो पिस ही गया था।

"तीन दिन..." अजहर बन्द दरवाजे से मुखातिब हुआ, "बस तीन दिन हैं मेरे पास नन्हे मियाँ। फिर मैं चला जाऊँगा। मेरी बात सुनो। बताओ मुझे, मैंने क्या कर दिया ऐसा जो..."

अजहर काफी देर तक दरवाजा खुलने का इन्तजार करता रहा। हतप्रभ था वह। पता नहीं क्या हो गया था हामिद को। उसके व्यवहार में यह तब्दीली क्यों...? कैसे...?? अजहर के साथ घण्टों लसूड़े की तरह चिपके रहने वाले मासूम के तेवर में आये इस बदलाव का राज तब खुल नहीं सका। शायद रेहाना घर में नहीं थी, वर्ना हामिद अजहर के साथ इतनी बदतमीजी और बेअदबी से पेश नहीं आता।

आखिर क्यों अचानक हिन्दुस्तानियों के सिर पर कैक्टस उग आये थे?

वह कोठी से बाहर निकला। मन गहरी खरोचों से आहत हो गया था।

शहर की तमाम दुकानें और यातायात आज बड़ी जल्दी बन्द हो गये थे। गलियाँ यूँ वीरान थीं मानो कोई राजकीय शोक मनाया जा रहा हो। अभी तो समय भी कोई ज्यादा नहीं हुआ था। पर शहर की फिजाँ में कुछ बात जरूर थी, जिसे वह आते वक्त ख्यालों की रौ में बहने के कारण महसूस नहीं कर सका था शायद।

अगले तीन दिन वह इस झटके से उबरने, शराब, जुए, औरत, बिस्तर और हैंगओवर में कुछ इस कदर बेतहाशा गर्क रहा कि दीन-दुनिया की खबर ही नहीं रही। चौदह तारीख को उसे वापस अपने जहाज पर अपनी आमद की रिपोर्ट देनी थी।

जब नशा उतरा तो अजहर ने एक बार फिर हामिद के घर जाने का निश्चय किया। कम-से-कम पता तो चले कि वह बात क्या थी जो हामिद यूँ आपे से बाहर हो रहा था।

तेरह मार्च की शाम को वह लारेंस के होटल की बेसमेण्ट वाले 'बार-कम-रेस्तरां' में बैठा था। अगली ही सुबह उसका जहाज कराची छोड़नेवाला था। हामिद

से आखिरी बार जरूर-जरूर मिलने का फैसला करने के अगले ही पल शराबखाने में मानो कहर बरपा हो गया। कुर्सियाँ उलटते, मेजें पीटते, क्राकरी-बोतलें फर्श पर पटकते, चूर करते कई युवक बार में तूफान की भाँति दाखिल हुए। फर्श को रौंदते वे काउण्टर तक पहुँचे।

"शैम्पेन लाओ लारेंस," एक चिल्लाया, "हम सेलिब्रेट करेंगे। साला इण्डिया कलकत्ता मैच हार गया। श्रीलंका के चीतों ने स्साले इण्डियन चूहों को कुचल दिया।"

फिर वे शैम्पेन की उफनती झाग में डूबते-उतराते भारत की किसी हार को 'सेलिब्रेट' करने लगे।

अजहर रेस्तराँ से बाहर आ गया। शाम गाढ़ी हो चली थी। आसमान में रह-रहकर बिजली-सी चमक रही थी। धुआँधार बम-पटाखों के अनवरत शोर से पूरा बन्दरगाह का इलाका गूँज रहा था। आकाश में रंग-बिरंगी रोशनियों के शरारे छूट रहे थे।

अजहर के मस्तिष्क में भी जैसे कोई आतिशबाजी का अनार-सा ही फूटा, जिसकी जगमग दूधिया रोशनी में उसे अपने घर के दरवाजे की फाँक से झाँकता हामिद का भोला पर तमतमाया चेहरा साफ-साफ दिख पड़ा... "चले जाओ... तुम दुश्मन... यू ब्लडी इण्डियन... आई हेट इण्डियंस..."

बच्चे की आवाज में बायलर में उबलते पानी से उठते भाप जैसी जलन थी। ..."या खुदा...!" जरूर पिछली मुलाकात में हामिद भी क्रिकेट की ही बात कर रहा था। उस रोज विश्व कप के बंगलौर मैच में पाकिस्तान भारत से हार गया था। जरूरत से ज्यादा टी.वी. देखने और स्क्रीन पर उभरने वाले चरित्रों को आत्मसात कर लेने की कूबत रखने वाले हामिद के दहकते लफ्जों की तपिश को अजहर ने अब महसूस किया।

उत्तेजना के क्षणों में पर्दे पर आने वाले चरित्रों के साथ स्वयं को जोड़ लेने की एक स्वाभाविक मानसिकता होती है बच्चों में। हामिद तो टीवी देखते वक्त अपने प्रिय चरित्रों-पात्रों के साथ मानो दृश्य में खड़ा ही हो जाता था। सशरीर शामिल। शायद बच्चे के चिकने-साफ जेहन पर अपने वतन की 'पारम्परिक प्रतिद्वन्द्वी' के हाथों हुई हार ही काई-सी जम गयी थी। दर्जनों चैनलों पर अनवरत बहते, ...बच्चों की नसों में आँखों की राह से इंजेक्ट हो रहे सांस्कृतिक प्रदूषण के शिकार अपने नन्हें दोस्त से अजहर को सहानुभूति हो आयी।

एक गेंद फेंकने वाला, दूसरा गेंद पीटने वाला और दस बेवकूफों की भाँति उन्हें घूरते रहने या कभी-कभार गेंद के पीछे भाग लेने वाले इस खेल में अजहर की कभी भी दिलचस्पी नहीं रही थी। 'स्लिप', 'गली', 'कट', और 'गुगली'

जैसी क्रिकेट की शब्दावली कभी उसके पल्ले नहीं पड़ी थी। काश, उसे उसी शाम हामिद के गुस्से... उसकी बातों में निहित अर्थ का इलहाम तक हुआ होता...। शायद तब वह अपने नन्हें दोस्त को समझा लेता।

आज शायद हामिद भी बहुत खुश होगा। वह भी अपने तरीके से 'सेलिब्रेट' कर रहा होगा। आज उसका दुश्मन—इण्डिया-हार जो गया था। कहीं ऐसे 'खुशगवार' मौके पर उसका हामिद के घर जाना रंग में भंग न डाल दे। वैसे भी शराब की मुश्क लिए उन माँ-बेटों के सामने जाने से वह परहेज ही रखता आया था।

ठण्डे दिमाग से, काफी सोच-विचार के बाद उसने हामिद से मिलने का इरादा मुल्तवी कर दिया और अपने जहाज की ओर चल पड़ा। जहाज के पंछी का अन्तिम ठिकाना फिर-फिर जहाज ही होता है।

जहाज पर पहुँचकर अजहर भी अपने नन्हे दोस्त हामिद की खुशी को 'सेलिब्रेट' करने लगा। हामिद की बातों की तमाम तल्खी, वह शराब में घोलकर पी जाना चाहता था ताकि यदि कभी अगली मुलाकात की कोई गुंजाइश बाकी हो तो उसमें इस बार की कटुता का निशान तक बाकी न रहे।

सारी रात... भोर का धुँधलका उगने तक, जहाज के खुलने तक वह शराब की बोतल के सामने ही बैठा रहा। समुद्र में उठा उतरता ज्वार-भाटा मानो बोतल में भी उतर आया था और सारी रात घूँट-घूँट कर अजहर के भीतर उतरता रहा था। जहाज पर वापस लौट आये निडर सीगल उसके आसपास फुदकने लगे तब कहीं भोर का अहसास हुआ।

आखिरकार सायरन बजा। 'सी-बर्ड' समुद्र की छाती को मथता अपने आगे के सफर पर चल पड़ा। रेलिंग से पीठ लगाये फर्श पर बैठा अजहर कोहरे में लिपटे किनारे की ओर ताक रहा था। इस बार न तो वहाँ विदा में हिलता कोई हाथ था और न ही किसी की 'तुम फिर आना' कहती आँखें...!

अचानक उसे लगा... या किनारे से दूर होते जहाज से उसने देखा... शायद... उसका नन्हा दोस्त डॉक पर खड़ा विदा की मुद्रा में हाथ हिला रहा है। ...जरूर शराब मेदे से सिर में चढ़ आयी थी। उसे ज्यादा नशा हो गया था। उसने सिर को ताबड़तोड़ कई झटके दिये। एक क्षण को फिर हामिद का हिलता हाथ उसे स्पष्ट दिखा। इस बार तो रेहाना भी... और फिर धुन्ध... और धुन्ध...! शायद कुहासा कुछ हल्का हो तो फिर कुछ साफ दिख सके। वह किनारे की ओर नजरें गड़ाये रहा पर कोहरा तो गाढ़ा... और गाढ़ा होता जा रहा था। अजहर फैसला न कर सका कि किनारे से दूर होते हुए उसने जो देखा वह सच था या नशे से बोझिल आँखों का धोखा...! न जाने क्या था घने कोहरे के पार...!

जोड़ा हारिल की रूपकथा

धितंग-धितंग...धि-धि-धि...धितंग-धितंग...!

माँदर की थाप पर झूमर नाच रही है वनजाएँ। पाँच साल की सुगनी भी। पचपन साल की कोईली भी। करमा का त्योहार है आज!

तनिक हवा डोलते ही पेड़ों के पत्तों पर टँगी बूँदें छहरती हैं। सिर पर सियाल के पत्तों की टोपी... पैरों में पायल-छागल-कड़े...! धातु के घुँघुरों में पत्थर के दाने...छर्र-छिर्र-छर्र...! नाच रही हैं, वनपुत्रियाँ।

रात चढ़ने तक खूब झमककर मेह बरसा है। पानी खुलते ही आकाश पर तैर उठा है नहाया-धोया एकादशी का चाँद। फटे दही के थक्कों जैसी आकाश में छितरायी है बदरी...। बदरी की लहालोट छायाओं के संग धरती पर घुड़दौड़ कर रही है टहकार अँजोरिया।

इस बरस सरहुल में भी बढ़िया पानी बरसा था। पूजा के दोनों घड़ों का पानी भी दो दिनों तक बराबर बना रहा है। मनगर खेती होगी। अपनी जमीन बेहाथ न हुई होती तो साँवाँ-कोदो बढ़िया होता पर बागुन मुण्डा के खेत पर तो बद्री मिसिर का ट्रैक्टर हनहनाता है।

बद्री मिसिर का ट्रैक्टर बागुन मुण्डा के खेत पर नहीं चलता, ...धाँगता है बागुन की देह। ट्रैक्टर के हल-फाल माटी नहीं कोड़ते...भँभोड़ते हैं बागुन मुण्डा का कलेजा। जमीन के उस टुकड़े की एक कथा है, पर उससे पहले है एक और कथा। धानी की!

धानी माने कचकच फूली सरसों की क्यारी। धानी माने फागुन में फूलों से लथराई रक्तपलाश की डाली।...साँप की मणियों जैसी चमकती धानी की कत्थई आँखें...बागुन मुण्डा के जीने-मरने का निमित्त...!

माँदर की उठान और अवरोह...! गलबहियाँ डाले धनुषाकार झुकी औरतों की आगे-पीछे होती कतार...! माँदर की ठेक... ढिटंग-ढिटंग...! ढि-ढि-ढि, ढिटंग-ढिटंग...!

ओड़ाक खोनित्र ओण्डोक लेन
छटका रेत्र तिंग लेन
ओका महल रेंचो तिरिया साड़े
ऐऽऽऽ हेरे-होरेऽऽऽ

(दूर महल में बजाता है कोई बाँसुरी की धुन। घर से निकलकर मैं ओसारे पर आ गयी)

करमा-गीत की स्वर-लहरी बागुन मुण्डा के कानों में साँप के ताजे बिख जैसी सुरसुराती उतरती है। सिंगबोंगा ने भाग (भाग्य) में नहीं लिखा कि कोई उसके लिए भी घर से निकलकर बाहर आवे। बागुन की आँखें अपने घर के बन्द दरवाजे को थपथपाती हैं। भीतर धानी निभोट (गहरी नींद) सोयी है।

सामने है हँड़िया (चावल की मदिरा) से भरा घड़ा। तली मिर्च जीभ पर रगड़कर भर लबनी हँड़िया परपराते कण्ठ में उँड़ेलता है बागुन मुण्डा। कालेजे में धधक रहा है कोई आँवा। मद से मत्त है माथा। दिमाग में जगमग-जगमग तारे...! खाली खोपड़ी में उमड़ता है यादों का मेला। तारों की झालर के पार...! हथियादह के मेले की वह साँझ...।

धानी को पहली दफा हथियादह के मेले में ही देखा था बागुन ने। तब धानी की आँखों की चमक देख नदी की झिलमिल धार भी लजाती थी। अब वही आँखें कैसे बाघिन की आँखों जैसी जलती हैं...! आँख से आँख भर मिला ले तो जल जाय मानुष।

आठ चाँद कैसे बीत गये? जैसे बह जाती है बच्चे के हाथ में धरी मलाईबरफ और ठगा रह जाता है छौवा-मन (बाल-मन)।

जैसे वैशाख के निरभ्र आकाश में उधियाती आने लगती है आषाढ़ की बदरी। जाग उठा है आँखों में हथियादह का मेला। आठ चाँद पहले की वह साँझ। धानी से भेंट की वह पहली रात...! धानी की आँखों में तैरती चाँद-सुरुज की चमक! उगता पनसोखा...

धितंग-धितंग....धि-धि-धि...धितंग-धितंग! महकती धुन माँदर की, जैसे जंगल में कहीं कटहल पके हों। कस्तूरी चाँदनी में नहा उठी है करमा की रात!

बरसात में हाथी तक को बहा ले जाने वाली हथियादह की तेज धारा जब आसिन-कातिक में गाभिन बाघिन जैसी शान्त-मन्थर हो जाती है, ...दियरी (दीपावली) के अगले रोज नदी के तीर पर रंग-बिरंगा मेला जुड़ता है। बागुन मुण्डा भी मेले में पहुँचा है तीर खेलने।

मेले के पछियारे छोर पर गायडाढ़ चल रहा है। बाँस-बल्लियों के बाड़े में गाय और सूअर का मरणान्तक युद्ध...! आदिवासियों के मनोरंजन हेतु आयोजित एक आदिम खेल... गायडाढ़...!

बाड़े के चारों ओर जमा भीड़ का हल्ला-गुल्ला...! ढोल-माँदर की डिग-डगर...डिग-डगर...! सिंघे (तूर्य) की धुतू..तू..तू...ऽऽऽ...! ढेले-कंकड़ मार-मारकर गाय को और बिदका रहे हैं लोग। गाय के घी-चुपड़े चमकते पैने सींग और सूअर द्वारा बचाव...! किलक रहे हैं बाल-वृद्ध...! थपड़ी पीट रही है भीड़...! हँसती-ठिठियाती छौंड़ियों के गोल (झुण्ड) में खड़ी है धानी। बाघामुण्डी गाँव के पहान (प्रधान पुजारी) की बेटी।

बागुन मुण्डा की छाती को बेध जाती हैं धानी की आँखें। आँखें नहीं, ...कुचला विष से बुझे वाण...! धानी की ऊँची नाक, ...ऐसी धनेश चिड़िया के ठोर जैसी नाकवाली लड़की अपनी जिनगी में नहीं देखी बागुन ने।

रेंड़ पकती है जेठ-वैशाख में, पर बागुन मुण्डा के हिरदा (हृदय) में रेड़ी की पकी-सूखी छीमी चिट्ट-से चिटखती है कार्तिक की सिहरावन साँझ में।

गायडाढ़ के बाद निशाने की प्रतियोगिता...! तीन पोरसे ऊँचे बाँस के मचान पर धरी है पानी भरी गगरी। गगरी के मुँह पर रखा है लाल कपड़े में लिपटा कोंहड़ा। चार बाँस दूर से निशाना लगा रहे हैं धनुकधारी!

किसी का तीर रास्ते में ही रह गया तो किसी का लक्ष्य से भटक गया। पहाड़पुर के सोहराई का निशाना बैठा भी तो घड़े पर! भड़ाक्-से घड़ा फूटते ही भीड़ की हा-हा...ठी-ठी! लजा गया सोहराई। तीर तो ऐसा साधना होता है कि घड़े से पानी की एक बूँद न छलके।

नया घड़ा रखा गया। अबकी बारी बागुन मुण्डा की, जीतने पर एक मन अरवा (महीन) चावल, एक जोड़ा धोती और इक्यावन रुपये नगद मिलेंगे पर बागुन को न इनाम का लालच है, न धोती का चाव...! न ही रुपये का लोभ! बागुन मुण्डा के मन में तो जोड़ा दीये की तरह जगर-मगर जलने लगी हैं धानी की आँखें...!

बागुन की दृष्टि अपलक कोंहड़े पर टिक गई है। पिसे चावल से रंगी गगरी पर रोड़ी के रक्तिम टीके दिपदिपा रहे हैं। टीके...या धानी की आँखें? निशाना चूका तो तीर सीधा धानी की आँखों में...!

निशाना साधता है बागुन मुण्डा। अँगूठे और तर्जनी के सन्तुलित दबाव में सधा है तीर। कान तक खिंची है प्रत्यंचा। सफेद गमछा थामे पहान का हाथ ऊपर उठता है। एक क्षण को बागुन भरी भीड़ के बीच अकेला हो जाता है।

कपड़ा नीचे आते ही फटफटा उठती हैं तालियाँ। अचानक डरे कबूतरों का झुण्ड उड़ा हो जैसे—''जीता है बागुन मुण्डा...!''

भीड़ का जयघोष। उत्तेजित हो उठे लोग गति और सन्तुलन का अचूक सम्मिश्रण...! जयकारी से भर जाता है आकाश।

हर बरस कोंहड़ा बिंधकर नीचे गिर जाता है पर इस बार बागुन का निशाना तो गजब...! बिंधा कोंहड़ा घड़े पर अडोल टिका है।

उस रात विजेता नायक को बाघामुण्डी के पहान ने अपने घर मांस-भात का न्योता दिया तो गर्व से भर गया बागुन मुण्डा।

पत्तल पर भात और सूअर का मांस! परोस रही थी तीन पाढ़ की दगदग पियर साड़ी में पोर-पोर मिसरी। चाल में मकई के डण्ठल जैसी लचक। देह से फूटती है आम की बौरायी मंजरियों की महक! तेल लगाकर नहानेवाली चिक्कन काया धानी की...!

परोसने को झुकती है धानी तो गले में झूलती खड़खड़ाती चित्ती कौड़ियों की माला बागुन के हिया में खड़ताल जैसी बजती है। यदि यह अगिनदेवी खुश हो जाती तो अन्न-धन-सोना से भर जाता घर!

खैनी-बीड़ी तक नहीं छूता बागुन। पहान सब जानता है। जेवनार के साथ जब पहान ने अपनी बेटी के ब्याह का न्योता भी परोस दिया तो बागुन मुण्डा के गले में पानी अटकने लगा। बरगद-पीपल जैसे नाती-पोते चाहता है पहान। बागुन ने कनखी से देखा तो आँखें जुड़ा गयीं। किवाड़ की ओट से झाँकती धानी...! धानी की तिरछी चितवन। मछली के चोइटें जैसी चमकती-रीझती आँखों में उग रहा है सतरंगा पनसोखा। सींझते कलेजे में फिर चिट्ट की आवाज होती है... पहान की बेटी से ब्याह...! कितनों के होते हैं ऐसे भाग (भाग्य)...?

गाँव लौटते हुए राह में निराट (जनशून्य) पाकर सोहराई ने गोड़ धर लिया था।

"हमें भी अपने जइसन तीर मारना सिखाय दो। गुरुआई मानेंगे।"

"सिखावे का दाम लगता है," बागुन बोला था, "का दोगे?"

"जो तुम माँगोगे।"

"ठीक...! तो धनुक उठाओ और लगाओ निशाना उ पडुकी पर।"

बनबेर की झाड़ियों पर बैठी एक पण्डुकी डहक रही है।

"निशाना बान्ह लो तो दूनो आँख मूँद के तीर छोड़ दो। पडुकी उड़ गयी तो नीमक-भात के फिकिर छोड़ के आ जाना पलाशखाँड़। अन्हरिया में भी बान मारना सिखा देंगे।"

...पर सारा जंगल जानता है कि सिंगबोंगा की मरजी से ही पात-पात डोलते हैं। सखुए-पलाश खिलते हैं। महुवे-नीम टपकते हैं। जो सिंगबोंगा की मरजी न हो तो..!

...धीरे-धीरे चढ़ रही है करमा की रात। बागुन मुण्डा हँड़िया से भरा घड़ा अधिया चुका है।

"तिरिय नाजोम नात्र जोमते
मुरली नातेन-नातेन ते
जुरी बागी कोतेत्र नोन्डोक सेनोक
ऐऽऽ हेरे होरेऽऽऽ..."

(बाँसुरी की मधुर धुन सुन जी करता है दूल्हे का घर छोड़कर वहीं पहुँच जाऊँ, जहाँ बज रही है यह मधुर धुन)

बागुन बाँसुरी नहीं बजाता। माँदर जरूर बढ़िया बजाता है पर सोहराई को हिरदा से निकालकर बागुन की माँदर पर नाच सकती है धानी? कभी नईं। कैसे बियाई बाघिन जैसी उसकी ओर ताकती है धानी?

...और अब कथा जमीन के उस टुकड़े की जिस पर चलता ट्रैक्टर। बागुन मुण्डा की छाती पर चलता है।

वह भू-खण्ड बागुन के पिता जादिक मुण्डा को सरकार से मिली थी और सरकार को बद्री मिसिर से भू-दान में। चोरकाँटे और चीनाघास से भरा, पुटुस की घनी काँटेदार झाड़ियों से घिरा था वह ऊसर पठार...! सरलाही गाय ब्राह्मण को दान...!

कथा तब की है जब बद्री मिसिर की ठेकेदारी में जंगल कटने लगे थे। जंगल की बोली कोई आदिवासी ही लगा सकता था। जंगल बिकता तो था किसी आदिवासी के ही नाम पर लेकिन घूम-फिर कर हर दफा मालिक वही होता था, ...बद्री मिसिर।

बद्री मिसिर और जंगल साहब एक बोतल के यार थे। एक के बदले चार रुख काटे जा रहे थे। लाह, गोंद, चिरौंजी, कत्था, गोलोचन, वंशलोचन, मधु और ईंधन...! सपना होने लगे थे सब! जंगल था तो जीवन था, जीने के सहारे थे। जंगली पदार्थों की बिक्री से नमक-भात चलता था। टेंट में चार पैसे रहते थे।

जंगलों में बसे गाँव अब नंगे हो रहे थे और साफ जमीन पर गढ़े जा रहे थे बद्री मिसिर के खेत। मिसिर ने जादिक मुण्डा को लुभाया था।

"अपनी जमीन हमें दे दो जादिक! बदले में जंगल किनारे दुगनी जमीन दे देंगे।"

जादिक मुण्डा अँगूठा धरने से साफ नहकार गया था।

उस जमीन में जादिक मुण्डा की जवानी गली थी। बागुन का बचपन माटी-

मटाल हुआ था। सड़े पत्तों की खाद, बकरी-सूअरों की लेंड़ी और डोल-बहँगी से ढो-ढोकर पानी...! जमीन को जौ-मडुवे लायक बनाने में बाप-बेटे के कन्धों पर घट्ठे पड़ गये थे और अब फिर एक बंजर...? फिर वही हाड़तोड़ाई...? फिर चार के बदले आठ कट्ठे का नया पैंतरा...! ना...!

एक जंगल कट रहा था। पेड़ों का जंगल। एक जंगल उग रहा था। बेरोजगारी का, भूख का, विपन्नता का और अन्ततः बँधुआ मजदूरी का। अब जंगल बाबू जंगल में घुसने नहीं देता था। जंगल में जाने का रुपया माँगता था। बात-बात का पैसा। ठेकेदार का परमिट। जंगल-डिपाट का परमिट।

वनपुत्र या तो पहाड़ों में लगी क्रशर में खटने लगे थे या फिर बद्री मिसिर के खेतों में। जंगल-पुलिस (वनपाल) लड़कियों की बाँह पकड़ लेते थे। साथ सोने को बोलते थे। आदिवासियों की इज्जत-आबरू दातुन हो गयी थी जिसे तोड़-चबाकर फाड़ फेंकते थे फारेस्टगार्ड!

आँवें की भाँति सुलग रहे थे मुण्डा। इसी बीच कोढ़ में खाज! एक साँझ पलाशखाँड़ की देमुनियाँ की बेपर्द खूनमखून ल्हास जंगल किनारे पड़ी मिली तो आँवें धुआँ उठे। जंगल बाबू के घर को घेरकर हल्ला-गुल्ला मचाने लगे मुण्डा। देमुनियाँ के बाप ने जंगल बाबू के लकड़ी के घर पर जलती लुकवारी फेंक दी थी।

काठ और आग का मेल...! भयभीत जंगल बाबू अन्धाधुन्ध बन्दूक दागने लगा था। जादिक मुण्डा और सोमारू को गोली लगी और दर पर ही बीत गये दोनों मनई।

मामला थाने तक पहुँचा था। जंगल में छापामारी होने लगी। मुण्डाओं ने सरकारी बँगले पर डाका डाला। लूट-अगलग्गी की। नेसलाइट बन रहे हैं आदिवासी...!

मुण्डा चोर नहीं होते। मुण्डा डरपोक भी नहीं होते। पर जेहल-जरीमाने (जेल-जुर्माने) के भय से मुण्डा गाँव छोड़कर जंगल के भीतर धँस-छितरा गये थे।

सोहराई उस समय तक बढ़िया निशाना लगाने लगा था। जब एक साँझ झुटपुटे में उसने उड़ता हारिल मार गिराया तो बागुन ने पीठ ठोंकी थी—

"साबास...! तुम पक्का हो गये अब।"

"तो दाम बोलो, सिखाने का लोगे क्या?"

"दाम भी लेंगे पर अभी नहीं। पुलुस छापा अस्थिरा जाए तब दाम भी ले लेंगे।"

बागुन मुण्डा छः महीने तक अपने ममहर (ननिहाल) टोकीसूद में छुपा रहा था। पुराने जंगल साहब के जाने और नये साहब के आने की बात फैली तो धीरे-

धीरे मुण्डा लौटने लगे थे अपने गाँव। बागुन मुण्डा भी पलाशखाँड़ लौटा।

कभी जंगल में बसा गाँव अब बद्री मिसिर के खेतों से घिरा था। उजड़ गया था जंगल। मशीनें चबा गयी तो पेड़ों को। बागुन मुण्डा की जमीन जोत रहा था बद्री मिसिर का ट्रैक्टर!

पिनपिनाया बागुन मुण्डा बद्री मिसिर के पास पहुँचा तो बद्री मिसिर मरे भैंसे की तरह आँखें फाड़-फाड़कर उसे ताकने लगा था।

''बागुन है का रे?''

''हमार जमीन पर तोहार गाड़ी काहे चढ़ा है बाबा?'' बागुन ने पूछा था।

''काहे का क्या माने?'' बागुन के विषहीन क्रोध पर व्यंग्य से मुसकाया था बद्री मिसिर—''तू तो मर गया रे! हमारी जमीन हमारे पास लौट आयी और क्या... ?''

हँसने पर बद्री मिसिर की लुथुर-लुथुर छातियाँ दलदलाने लगती हैं।

''हम मरे नईं हैं बाबा!'' बागुन बोला, ''देखो जिन्दा तो हैं।''

''तू जिन्दा कैसे हो सकता है रे झूट्ठा?'' बद्री मिसिर ने समझाया था—''सरकारी कागज में लिखा है बागुन मुण्डा फौरेस्टर साहेब की गोली खाकर भागा। जंगल में कहीं मर-खप गया। सियार-हुण्ड़ार लाश खींच ले गये...आखर चीन्हता तो दिखा देते कागज भी। चकबन्दी का गोरमिटिया कागज भी कहीं झूठ बोलता है?''

''हँ...बोलता है। तुम झूठा। गोरमिटिया कागज भी झूठा। तुम्हारा आँख नहीं बटम (बटन) है। हम अभी थाना जाते हैं।''

''ठीक है जा।'' बद्री मिसिर ने पेंच खेला—''दरोगा तुझे जिन्दा पाते ही डाँड़ में रस्सा पहिरा देगा। भर देगा जेहल में। तू दंगाई भगेड़ू है। जंगल बाबू पर घात करने वालों का संगी है। आगलग्गी किया है रे! हुण्ड़ार जैसा ताक मत...जा थाना और जेल में सड़ के मर।''

मन दरक गया था। मरुआ गया था जोश। काण्ड तो किया ही था मुण्डाओं ने। ठीक कहता है बद्री मिसिर! जब मुण्डा के सिर पर काल नाचता है तो मुण्डा थाना-पुलुस की ओर भागता है।

वह गाँव से निकला था। दो पहाड़ियाँ, एक मैदान और एक नदी हथियादह। सबको पार कर वह बाघामुण्डी पहुँचा था। पहान से मिलने। धानी से भेंटने पर जमीन की मिल्कियत की तरह पहान का मन भी बदल गया था। पहान साफ-साफ बोला था—''गोरमिटिया कागज बोला, बदुरी मिसिर बोला... मर गया बागुन मुण्डा। मुरदे के आसरे बेटी कुँवारी नहीं बैठती। ल्हास के साथ बेटी बियाहता? धानी को ब्याह दिया सोहराई के साथ।''

हार गया था बागुन मुण्डा। बद्री मिसिर की वाणी फल गयी थी। जीते जी मर गया था बागुन मुण्डा। अब मुरदा मुँह लेकर पलाशखाँड़...? ठट्ठा करेंगे लोग। धानी के बिना गाँव लौटा तो क्या इज्जत रह जाएगी हथियादह के विजेता की? गाँव की आन-मरजादा सब माटी...!

बागुन मुण्डा भटकने लगा। अभिशप्त प्रेतात्मा की तरह। पहाड़ों में लगी क्रशर में पहुँचा तो पत्थर बनकर टूटने लगा। कोलियरी की ओर भटका तो कोयला बनकर डम्पर में लदने-उतरने लगा। बीड़ी पत्ते के फंड़ (खलिहान) में अपने भूत-भविष्य को बोरों में कसने लगा पत्तों के साथ। चार पैसे जुड़ते ही राँची-डालटनगंज के इजलास में दौड़ लगाता वकील-मुख्तार से अरज-गोहराई करता—

"कौनो उपाय से हमको जिया दो साएब। हमार जमीन बदुरी मिसिर से छोड़वा दो साएब।"

"तू तो जिन्दा है ही रे! ठोंक दे मुकदमा मिसिर पर।"

"एतना पइसा कहाँ साएब?" वह विवशता प्रकट करता।

"तो भाग सरवा। बिना रुपया के न्याव (न्याय) खोजता है? मरने में कोई खरचा नहीं बेट्टा पर जिन्दा होने में बहुत रुपया लगता है।"

संवेदनाशून्य कोर्ट-कचहरियाँ और भ्रष्ट सरकारी मशीनरी के दराँतीदार पहिये...! छिले उत्साह, टूटे तन और आँवे जैसा सुलगता मन...! वापस जंगल लौट पड़ता बागुन मुण्डा।

जंगल में विकास के हरकारे पहुँचे थे। मोरम (बजरी) की सड़कों पर गिट्टी-पत्थर और बाँस-लट्ठे ढोनेवाले ट्रक हनहनाते थे। खरगोश जैसी चिकनी फुरकती नन्ही मोटरों में दीकू (बाहरी लोग) आते। आदिवासियों के पर्व-त्योहार-नाच-तमाशों के फोटो खींचते लड़कियों को अलग से नचाकर फोटो खींचते और नोट फहराते। मनसोख लड़कियाँ दीकुओं के मोटरों के मजे भी लेने लगी थीं। उनके साथ रात-बिरात लैन-होटलों में जाने लगी थीं। दीकुओं के लिए जंगली जन खेल-तमाशा...! वन गये। वनजाओं की लाज गयी। पुलिस जंगल-दफ्तर और बद्री मिसिर जैसे ठेकेदारों की तीनतरफा लूट का अभयारण्य बन गया था पलामू का जंगल!

कचहरियों पर न्यूनतम मजदूरी का हक छीनने हेतु मजदूरों को भड़काऊ भाषण सुनानेवाले नेता, आदिवासी समाज के दुख-दर्द पर पोथी लिखनेवाले घुमक्कड़ पदयात्री, आदिवासी जनसंस्कृति की फोटो उतारनेवाले दढ़ियल बुद्धिजीवी, पाँचसितारा सुविधाओं में रास-विलास रचाते हुए सर्वहारा की लड़ाई लड़नेवाले एक्टिविस्ट... सिंगबोंगा, हड़ामदेऊ, करमदेऊ... सबके आगे बानर की तरह दाँत निपोरकर रिरियानेवाला बागुन मुण्डा... तमाशे का भालू बागुन मुण्डा...!

मरा था। मरा रहा।

बागुन मुण्डा की वापसी की खबर सुनकर जो पहला हितू उसे खोजता बागुन तक पहुँचा था वह सोहराई ही था। बागुन मुण्डा का चेला सोहराई!

कसम-किरिया और मान-मनौव्वल से बाँधकर सोहराई बागुन को पहाड़पुर ले आया था। सोहराई के घर में गिहथिन बनी डोलती सोहागिन धानी को देख बागुन का कलेजा धुआँने लगा था।

सरहुल का दिन...! जब शालवृक्षों के पवित्र कुंज में पहान पूजा करा रहा था,...जब चबूतरे पर गड़े लम्बे-ऊँचे बाँस पर सफेद झण्डा फरफरा रहा था,...जब पूज्य सखुए की डालियों पर सखुए के फलफूलों का नैवेद्य चढ़ रहा था और जब मुर्गे-बकरे की बलि से माटी कत्थई-कत्थई हो रही थी... सोहराई ने कहा था,

"आज धनुक सिखाने का दाम ले लो। करजा उतारो हमारा।"

"का-करेंगे हम दाम-कौड़ी?" बागुन ने कहा था, "हम तो ठहरे मुरदा मानुष।"

"ना बागुन। जिन्दा हो तुम। जिन्दा जंगली बाघ, जो बाघ को छुए उसे अठारह घाव...!"

झूमर नाचती उराँव बालाएँ सरना देवता के गीत गा रही थीं। कमल-फूल जैसी खुलती-सिमटती औरतों का घेरा...! घेरे में माँदर की थाप पर नाच रही थी धानी भी। मन्त्रमुग्ध बागुन मुण्डा! सरना के गीत महुवे के टटके फूलों की महक की तरह फैल रहे थे जंगल में।

खद्दी चाँदी हियो रे नाद नौर
फागु चाँदी हियो रे नाद नौर
भर चाँदो चाँद रे नाद नौर
मिरिम चाँदो हो-साँड़ लेउनाऽऽऽ

(लो आ गया सरहुल का चाँद! फल-फूल लेकर आया है सरहुल का चाँद। पूरे चाँद हम इसे अगोरते हैं फिर त्याग देते हैं)

लहलह लाल लूगा (साड़ी) पहने धानी...! जूड़े में शाल के फूलों का गुच्छा। गोदने से भरी छाती पर मछली की तरह छटपट-चित्तपट करती चाँदी की हँसुली... और रानी छाप रुपइए की माला.. एकदम अगिनदेवी...! अगिनदेवी की देह से पके धान की गन्ध फूटती है।

जपी-करमा-गेना हो या जराजी-जादूर-कोजड़ो (विभिन्न त्योहारों के गीत) धानी के कण्ठ से गीत बाहर निकलते ही लवंगलत्ता हो जाता है। जरूर ससुरी के

कण्ठ में मधमाछी का छात्ता है।

लाल कुर्ती में लहकती अगिनदेवी को देख बागुन की निर्निमेष आँखों में एक सपना रेंग जाता है।

"दाम माँगें सोहराई...? देगा?"

"माँगो, जो मन करे।" खरिका (तिनका) से दाँत खोद रहा है सोहराई।

"देह में बीरसाइतों (बिरसा मुण्डा के साथी लड़ाके) का खून है, बात से फिरेगा तो नईं...?"

"सिंगबोगा किरिया।" सोहराई ने धनुष छूकर कसम खायी।

"तो हमें धानी दे दे।"

जैसे अन्धड़ में पीपर का पात फटफटाता है। अपमान और क्रोध से थरथरा गयी थी सोहराई की काया... सब सिखा दिये गुरु पर एक मन्तर गुपुत ही रखे?

भर लोटा ताड़ी एक साँस में पी गया सोहराई। वचन हारा मुण्डा और शंखचूड़ (नाग) का काटा आदमी... जैसे छाती में तीर धँसा बाघ दहाड़ता है—

"हम भी बीरसाइत हैं बागुन। उधार-पईंचा नईं रखते। तुम्हारा नीमक भी उतारेंगे। बाकी एक ठेक (शर्त) है।"

"नेग में भी ठेक...?" बागुन ने कटाक्ष किया, "ठीक है बोल।"

"आज से धानी पर हमारा कौनो हक नहीं रहा, बाकी तोहार हक भी बस करमा तक। ठीक आठ चाँद बाद धानी को विदाई कराने पलाशखाँड़ आ जाएँगे हम... बोलो,"

"कबूल...!" जुड़ा गया बागुन का मन!

पपीते की फाँक जैसा चैत की तीसरी अँजोरिया का चाँद पिघलने लगा था। आकाश से झरकते चाँदी के रस से नहा रही थी धानी की काया, बागुन की तृषित आत्मा।

> खैया सेडोय हियो रे नाद नौर
> खडोने डोय हियो रे नाद नौर
> मिरिम चाँदो चाँद रे नाद नौर
> भर चाँदो चाँद रे...

(भौजी-पतोहुओं-सम्बन्धियों को न्योता भेजो। बड़ी मुर्गी की बलि दो। टूटे घड़े से हँडिया का अर्घ्य दो। सरहुल का चाँद आया है।)

सचमुच वह बागुन मुण्डा की जिनगी में चाँद उतरने की रात थी।

सरहुल के दिन न लकड़ी कटती है,न दातुन चबाई जाती है। पूजा के बाद पूरे गाँव को आग बाँटता है पहान! इसी आग से चूल्हे जलते हैं।

प्रसाद बँट रहा था। अंकुरे चने। अरवा चावल और दूबकी (फूले चने को

सिल-लोढ़े से पीसकर तेलरहित भाप से तैयार व्यंजन)।

सोहराई धानी को बकरी की तरह खींचता बागुन के पास ले आया था। पूरी बात बूझते ही पहान को गोहराने लगी थी धानी—

"बीरसाइत बिना परब-त्यौहार हँड़ियाँ-ताड़ी नईं पीते बाकी ई पीता है। हमें ई मुरदा मानुष जोरे मत भेज पहान..."

"निसाबाज सोहराई ने गलत बात जरूर किया है पर..." पहान के लिए धर्मसंकट... पहान का फैसला "बीरसाइत का वचन भी कोई पानी की रेख नईं। वचन फिरे मुण्डा की कोई गति नईं। देवता उसकी पूजा नईं लेते। तीर निसाने पर नईं बैठता..."

सारे मर्द एकमत हो गये थे। धानी की भगजोगनी जैसी आँखों में हड़पाबान (प्रलयंकारी बाढ़) नाचने लगा था।

"अगिया तो सगरे गाँव में बाँटे खातिर था पहान बाकी सब अंगोरा हमरे अँचरा में उझिल दिये तू... ?"

विवश धानी की बहती आँखें! बागुन मुण्डा का नशा फटने लगा था।

... दूर जंगल में भीगकर ठिठुरते सियार रो रहे हैं। झींगुरों की झिनझिनाहट...भदोंइया बेंग की टर्र-टर्र...! नाच-गीत खत्म हो गया है। ढल रही है करमा की रात, पर बागुन के पास बची रात भर का समय और है।

आठ महीने मलाईबरफ नहीं है बागुन के लिए, हवा मिठाई है। मुँह में धरते ही बिला जाती है हवा मिठाई पर देर तक मुँह मीठा-मीठा रहता है।

धानी को पलाशखाँड़ ले तो आया था बागुन पर बाघ की जलती आँख में तीर मारने वाला बागुन मुण्डा धानी से आँख नहीं मिला पाता था। धानी ने पहली ही साँझ चेता दिया था—

"जब ले हम इहाँ रहेंगे, तुम घोटुल में सुतोगे। ई घर में नईं, जो हमरे देह में सटे तो सीतला माई कोढ़िया कर दें तुमको।"

अगिनदेवी के शापित शब्द। अपमान, क्रोध, बेबसी और प्रतिशोध से जलती आँखें। जो अगिनदेवी कुपित हो जाए तो देह-घर, माल-मवेशी सब राख...!

सिहर गया था बागुन मुण्डा। गुड़ लेकर आया था, गोबर हो गया था पर एक सन्तोष था कि धानी कुछ दिन घर में रहेगी। पहाड़ से लिपटे रहेंगे मेघ तो कभी न कभी बरसेंगे ही।

धानी ने घर का सारा कारज उठा लिया था। जलावन की लकड़ी लाना, कन्द कोड़ना, कुएँ से पानी लाना....! बनैले समाज में प्रकृति से औरतों का नाता अधिक

गहरा होता है। मकई-मड़ुवे का माँड़ पीनेवाले बागुन मुण्डा के लिए नमक-भात और जमीकन्द का चोखा जुटाने लगी थी धानी।

कभी बागुन का घर भूत का डेरा था। अब गोबर-माटी से लिपी सुघड़ दीवारें थीं। ढाक के पत्तों की छान्हीं थी। दीवारों पर गेरुआ घोड़े, जामुनी हाथी, मोर-सुग्गे-हारिल के चित्र थे। दरवाजे की किनारियों पर डोलते थे चित्रित फूल-पत्ते, लता-वल्लरियाँ। घर अब दलिद्दर का डेरा नहीं लगता था। इतने जतन से घर काहे को सँवार रही थी धानी?

दिन खरहे की भाँति फुदकते निकल गये थे और सरहुल आ गया था। आज की रात बीतते ही सोहराई नरेटी पर आ चढ़ेगा, धानी को लिवाने के लिए।

रात को खाना परोसती धानी ने कहा था, ''काल्ह हम विदाई हो जाएँगे। फिर कौन जुटाएगा भात? तोहार घर में तो मूस भूखा गर जाएगा... किसानी काहे नईं करते?''

थरिया का भात नमक का ढेर लगने लगा था। सुलग उठा था बागुन का मन— ''किसानी खातिर जमीन कहाँ है?''

''तो का तोर खेतवा हमेशा बदुरिए जोतते रहेगा? आपन जमीन पर उ हड्डी- खोरवा के दखल देख के मन नहीं जरता तोर?''

''जरता है, बाकी घास और सखुए के पेड़ में कैसी लड़ाई? गोरमिटिया कागज भी कहता है बागुन मर गया। मुरदे का खेत-जमीन पर कौनो हक नहीं बनता।''

धानी ने तब बागुन को एक पुरानी कथा सुनायी थी। आसमान की कथा...! कभी आसमान इतना नीचे था कि कोई हाथ उठाकर उसे छू सकता था। खड़े होकर चलना मुश्किल था। धान कूटती एक बुढ़िया ने एक रोज आसमान से विनती की कि वह तनिक ऊपर उठ जाए ताकि मूसल उठाने में सुभीता हो। आसमान नहीं माना। बुढ़िया ने धरती को गोहराया कि वही तनिक नीची हो जाए। सावन से भादों दुबला... ? बुढ़िया को क्रोध आ गया। उसने आसमान को मूसल से इतना हुमचकर ठेला कि...

''मरद हो, बात के मरम समझो।'' धानी ने कहा था,''मेहरिया जैसा ठेहुना तक लोर ढरकाने से कुच्छो नईं मिलेगा! तुम जियोगे तभी जमीन भी जिएगी...।''

धानी की कहानी...! लोककथा में भूत के जीवाश्म, भविष्य की सीख और उम्मीदों के अँखुए...! वृक्ष दबकर कोयला बनता है। कोयला दबकर हीरा और जो हीरा कण्ठ से उतर जाए तो मर जाता है आदमी। धानी का उलाहना...!

आसमान कौन... ? बद्री मिसिर... ? बागुन मुण्डा की दृष्टि चूल्हे के ऊपर

बने गोल-त्रिकोण-चौकोर बन्द आकृतियों में राह ढूँढ़ने लगी थी! चूल्हे में फदफदाकर आग लहकी तो भात-पानी गींजकर थरिया पर से उठ गया था बागुन मुण्डा।

तब बद्री मिसिर गैस-बत्ती की रौशनी में दुआर पर बैठे खाता-खतियान पलट रहे थे जब वातास बना बागुन वहाँ पहुँचा था।

"हमार जमीन के कगजवा तो देखाओ बाबा!" जैसे कोई भकन्दर फूटा हो। बद्री मिसिर के नथुने सिकुड़ गये थे।

"सार निपढ़...! करिया अ खर भैंस बरोबर। जा-जा...! जा के हँड़िया पी और सूअर जैसा लोट खोभाड़ में।"

बागुन का माथा धीपा तो था ही। आवाज भी लहक गयी।

"सेवेरे जो तोर हरजोतवा मोटर हमारी जमीन लाँघ के आगे बढ़ा तो लहका देंगे गाड़ी। जो आदमीन मोटर चलावेगा ओ का तीर मार के ओदार देंगे। हम तो पहिलेंही से मरे हुए हैं। का करोगे हमारा? दुबारा मारोगे?"

बद्री मिसिर के दीदे मरे बैल की तरह उलटने लगे। जिस देह पर माछी भी बैठने की हिम्मत नहीं करती उस पर ऐसी तीरछोल बातें...? काँपने लगी थी काया। गरज उठे थे बद्री मिसिर—"गरमी दिखाने आया है रे? कपार पर बिपत नाच रहा है तोहार। भात नहीं मिलता तो जंगल से बाँस-लकड़ी चोराके बेचता काहे नहीं जो इहाँ मुँह मराने आया...?"

"मुण्डा चोर नईं होते बाबा!" ऐंठ गया था बागुन मुण्डा—"बाकी बताओ तुम, जो मुण्डा लोगन का जंगल लूटे ऊ का है...? ऊ है डाकू। जो मुण्डाओं से शिकार का हक छीने...जंगल में घुसे खातिर रुपया माँगे ऊ है खूनपीवा... जो मुण्डा छौड़ियों के साथ जबरई से सुते ऊ कुक्कुर...!"

"रे छतरमनवाँ...महिपतवा..." बद्री मिसिर ने लठैतों को पुकारा था, "इ खच्चड़...! साला सनक गया ई सुअरा, अरदवाय (आयु) पूर गया है इसका। दे इसको गरदनियाँ पासपोट...!"

"तुम खच्चड़! ऊ जंगल साहेब खच्चड़! तोहार गोरमिटिया कागज खच्चड़! सवेरे आना हमरी जमीन पर, झार देंगे सबका खचड़ई।"

बागुन मुण्डा की घायल नाहर जैसी मुख-मुद्रा! मदाए हाथी जैसी आवाज! बाघिन का पेट गिर जाए ऐसी आवाज बागुन मुण्डा की पहली बार...! किसी आदिवासी का ऐसा रूप पहली बार देखा था बद्री मिसिर ने। डर के अन्तिम छोर पर विद्रोह बँधा होता है। अनरथ के लक्षण...! अब क्या जूता-चप्पल का छाता बनकर आदमी के सिर पर टँगेगा?

बागुन मुण्डा जा चुका था। रात एकदम अँधेरी-अँधेरी लगने लगी थी। रात

में ही जागता है जंगल...जागते हैं पहाड़...! थानेदार से मिलना जरूरी लगने लगा था। भय से हँकर-हँकर हाँफते बद्री मिसिर ने घोड़ा कसवाया था।

कौन कहता है कि आवाज में महक नहीं होती। होती है। तभी तो करमा के गीत भोर तक महक रहे हैं बागुन के मन में। जैसे महकती है काले हिरण की नाभी!

जंगल-पहाड़ों का अनगढ़ स्वयंभू सौन्दर्य करवट बदल रहा है। मुर्गियों-पखेरुओं और छेरी-सूअर की आवाजों के साथ जागने लगा है पलाशखाँड़!

सामने से दौड़ी आ रही है चम्पिया। साथ में रुदिया, राधिनी और सुरुमाई भी।

"हँड़िया पटक बागुन...भाग...!"

"पुलुस तोरा खोजे आ रही है बागुन भाग...!"

"केकरा?" पूछता है बागुन मुण्डा..."हमारा? मरे मानुष को काहे को खोजेगी पुलुस?"

"मरा नहीं जीता," चम्पिया के ओठ पर फेफरी पड़ी है, "बदुरिया थाना में सनहा लिखवाय देलो। बागुन मुण्डा जीता है। नेसलाइट हो के लवटा है। ओकरा से जान का खतरा..."

भोर के कोहरे-सा छिन्न-भिन्न हो गया रात भर का नशा। हँड़िया की गगरी लतियाकर बागुन उठ भागा और बौराये वानर-सा घर की साँकल पीटने लगा।

"धानी रे...खोल केवाड़ी धानी।"

द्वार के पट तुरन्त खुले। धानी की आँखें रत्-रत् लाल...! सेमल का फूल खिला हो जैसे। साइत धानी भी सोयी नहीं रात-भर।

थमक गया बागुन मुण्डा। अटक-अटककर बोल फूटे—

"धानी...! पुलुस...! बागुन मुण्डा जीता है, धानी। आजु हम जी गये रे धानी...!"

"आज हमहूँ जी गये बागुन!" धानी की बदली बोली-बानी। बदली-बदली आँखें। धानी की आँखों में आज बाघिन जैसी चमक नहीं, सबुनाये मोती जैसी जोत...!

"सरहुल में तुम मरद लोग हमको मुँआ दिये थे। जो आदमीन आपन जमीन-जोरू के सहेज न सके उ मरद कैसा? ऐसन मरद से राँड़ बढ़िया।" धानी की आँखों में नाच रहा है कोई बुझौव्वल—"मेहरारू जबर की जैदाद होती है जंगल में। बाघिन कभी सियार के मान (माँद) में नईं बसती। जेकर मन में आग लगी हो वइसा मर-मर के जिये वाला मरद चाहिए हमको। जियते मर जाए वाला सोहराई

नईं...!''

अकबका जाता है बागुन मुण्डा। न बात में स्वाद होता है न पानी में गन्ध, पर तृप्ति तो होती है।

मानो कपूर का ढेला मन में गाड़े थी धानी इतने दिनों तक। अब बाहर निकालकर धर दिया है। हवा में धुल रही है धानी की तालमिसरी जैसी आवाज की मिठास।

''पहान कहे तो कहे। गोतिया-जमात बोले तो बोले। भाग में बरखा होवे न होवे बाकी आँख का सुपना (सपना) न सूखे। बागुन अब ढुका लिया है तो हमें ई घर से निकाल मत बागुन।''

बागुन कहना चाहता है...''धानी तू सच्चो अगिनदेवी है। मुरदे में जीव डालने वाली अगिनदेवी! बाकी नियम, धरम, इज्जत, मरजाद भी तो...!''

अण्डे से बाहर निकलते चेंगने की तरह कण्ठ में फड़फड़ाते हैं शब्द, पर धानी बागुन को अँकवारी में बाँध लेती है।

धानी के मुँह से भी हँड़िया की महक...! लोआ-पोआ हो रही है धानी की पिघलती मोमबत्ती की तरह देह! ताल-मखाने जैसी हल्की होकर बागुन मुण्डा पर ढह पड़ी धानी की काया।

खटिया के सिरहाने तीर-धनुष लिये खड़े आखेटक के भित्ति-चित्र में बागुन मुण्डा को अपना चेहरा उगता दिखने लगा है। दुद्धा धान की महक से भरता जा रहा है मन। पहाड़ के पीछे से उगता थाली भर का रक्तिम सूर्य ताँबई रंग की टिकुली बन धानी की आँखों में उतर आया है।

(जो इतिहास में नहीं है—राँची-डालटनगंज मार्ग पर एक स्टेशन है 'झारोखास'। स्टेशन से बारह मील भीतर (पलामू के जंगल में) प्राचीन अवशेष जैसी शैल आकृति है। आलिंगनबद्ध युगल जैसी। आदिवासी मान्यता है कि बागुन-धानी जब घिर गये तो उनकी आत्माएँ जोड़ा हारिल का रूप धरकर उड़ गयीं। देह पत्थर में बदल गये। सरहुल के रोज इस आकृति पर चिंयाँ (इमली के बीज) घिसकर पीने से मनचाहा जीवन-साथी मिलता है। मनोवांछित सन्तान मिलती है। रोग-शोक दूर होते हैं।)

❑❑❑